パーソナルカラー

春

×

骨格診断

ストレート

似合わせBOOK

ビューティーカラーアナリスト®

海〇〇田子

sanctuarybooks

Prologue

いつでも、どこでも、いくつになっても、心地いい自分でいたい。

日々身につける服も、メイクやヘアスタイルも、自分の心と体によくなじむものだけを選んで、毎日を気分よく過ごしたい。

でも、私に似合うものってなんだろう？

世の中にあふれる服やコスメのなかから、どうやって選べばいいんだろう？

そんな思いを抱えている方に向けて、この本をつくりました。

自分に似合うものを知る近道。それは、自分自身をもっとよく知ること。

もともともっている特徴や魅力を知り、それらを最大限にいかす方法を知ることが、とても大切になります。

そこで役立つのが、「パーソナルカラー」と「骨格診断」。

パーソナルカラーは、生まれもった肌・髪・瞳の色などから、似合う「色」を導き出すセオリー。骨格診断は、生まれもった骨格や体型、ボディの質感から、似合う「形」と「素材」を導き出すセオリー。

この2つのセオリーを知っていれば、自分に似合う服やコスメを迷いなく選べるようになります。

買ってみたもののしっくりこない……ということがなくなるので、ムダ買いが激減し、クローゼットのアイテムはつねにフル稼働。毎朝の服選びがグッとラクになり、それでいて自分にフィットするすてきな着こなしができるようになります。

　自分の魅力をいかしてくれるスタイルで過ごす毎日は、きっと心地よく楽しいもの。つづけるうちに、やがて「自信」や「自分らしさ」にもつながっていくと思います。

　この本の最大のポイントは、12冊シリーズであること。
　パーソナルカラーは「春」「夏」「秋」「冬」の4タイプ、骨格は「ストレート」「ウェーブ」「ナチュラル」の3タイプに分類され、かけ合わせると合計12タイプ。
　パーソナルカラーと骨格診断の専門知識にもとづき、12タイプそれぞれに似合うファッション・メイク・ヘア・ネイルを1冊ずつにわけてご紹介しています。

　1冊まるごと、私のためのファッション本。
　そんなうれしい本をめざしました。これからの毎日を心地いい自分で過ごすために、この本を手もとに置いていただけたら幸いです。

この本の使い方

この本は

パーソナルカラー **春**

骨格診断 **ストレート**

タイプの方のための本です

【パーソナルカラー】
「春」「夏」「秋」「冬」の4タイプ

×

【骨格】
「ストレート」「ウェーブ」「ナチュラル」の3タイプ

かけ合わせると、合計12タイプ

〈全12冊シリーズ〉

この本はこれ！

『パーソナルカラー春×骨格診断ストレート似合わせBOOK』 『パーソナルカラー春×骨格診断ウェーブ似合わせBOOK』 『パーソナルカラー春×骨格診断ナチュラル似合わせBOOK』 『パーソナルカラー夏×骨格診断ストレート似合わせBOOK』 『パーソナルカラー夏×骨格診断ウェーブ似合わせBOOK』 『パーソナルカラー夏×骨格診断ナチュラル似合わせBOOK』

『パーソナルカラー秋×骨格診断ストレート似合わせBOOK』 『パーソナルカラー秋×骨格診断ウェーブ似合わせBOOK』 『パーソナルカラー秋×骨格診断ナチュラル似合わせBOOK』 『パーソナルカラー冬×骨格診断ストレート似合わせBOOK』 『パーソナルカラー冬×骨格診断ウェーブ似合わせBOOK』 『パーソナルカラー冬×骨格診断ナチュラル似合わせBOOK』

パーソナルカラーは……
似合う「**色**」がわかる

生まれもった肌・髪・瞳
の色などから、似合う
「色」を導き出します

骨格は……
似合う「**形**」「**素材**」
がわかる

生まれもった骨格や体
型、ボディの質感から、
似合う「形」と「素材」
を導き出します

12冊シリーズ中、自分自身のタイプの本を読むことで、
本当に似合う「色」「形」「素材」の
アイテム、コーディネート、ヘアメイクが
わかります

自分自身が「パーソナルカラー春×
骨格診断ストレート」タイプで、　　──→　**P27へ**
似合うものが知りたい方

自分自身の「パーソナルカラー」と
「骨格診断」のタイプが
わからない方

　パーソナルカラーセルフチェック　──→　**P12へ**

　骨格診断セルフチェック　──→　**P22へ**

──→　**12冊シリーズ中、該当するタイプの本を手にとってください**

Contents

Chapter 1

夏×ストレートタイプの 魅力を引き出す ベストアイテム

春×ストレートタイプのベストアイテム12

Chapter2

なりたい自分になる、
春×ストレートタイプの
配色術

11色で魅せる、春×ストレートタイプの
配色コーディネート

Chapter3

春×ストレートタイプに似合うコスメの選び方 ・・・・・・ 94

おすすめのメイクアップカラー ・・・・・・・・・・・・・・・・・・・ 95

自分史上最高の顔になる、
春×ストレートタイプのベストコスメ ・・・・・・・・・・・ 96

基本ナチュラルメイク ・・・・・・・・・・・・・・・・・・・・・・・・・ 97

ハッピーオーラ全開のコーラルピンクメイク ・・・・・・・ 98

春の花々のようなパステルカラーメイク ・・・・・・・・・・ 99

春×ストレートタイプに似合うヘア＆ネイル ・・・・・・ 100

ショート、ミディアム ・・・・・・・・・・・・・・・・・・・・・・・・・ 101

ロング、アレンジ ・・・・・・・・・・・・・・・・・・・・・・・・・・・・ 102

ネイル ・・・・・・・・・・・・・・・・・・・・・・・・・・・・・・・・・・・・・ 103

色の力で、生まれもった魅力を120%引き出す

「パーソナルカラー」

パーソナルカラーって何？

　身につけるだけで自分の魅力を最大限に引き出してくれる、自分に似合う色。

　そんな魔法のような色のことを、パーソナルカラーといいます。

　SNSでひと目惚れしたすてきな色のトップス。トレンドカラーのリップ。いざ買って合わせてみたら、なんだか顔がくすんで見えたり青白く見えたり……。

　それはおそらく、自分のパーソナルカラーとは異なる色を選んでしまったせい。

　パーソナルカラーは、生まれもった「肌の色」「髪の色」「瞳の色」、そして「顔立ち」によって決まります。自分に調和する色を、トップスやメイクやヘアカラーなど顔まわりの部分にとり入れるだけで、肌の透明感が驚くほどアップし、フェイスラインがすっきり見え、グッとおしゃれな雰囲気になります。

　これ、大げさではありません。サロンでのパーソナルカラー診断では、鏡の前でお客さまのお顔の下にさまざまな色の布をあてていくのですが、「色によって見え方がこんなに違うんですね！」と多くの方が驚かれるほど効果絶大なんです。

イエローベースと
ブルーベース

　最近「イエベ」「ブルベ」という言葉をよく耳にしませんか？

　これは、世の中に無数に存在する色を「イエローベース（黄み）」と「ブルーベース（青み）」に分類したパーソナルカラーの用語。

　たとえば同じ赤でも、黄みがあってあたたかく感じるイエローベースの赤と、青みがあって冷たく感じるブルーベースの赤があるのがわかるでしょうか。

　パーソナルカラーでは、色をイエローベースとブルーベースに大きくわけ、似合う色の傾向を探っていきます。

4つのカラータイプ「春」「夏」「秋」「冬」

　色は、イエローベースかブルーベースかに加えて、明るさ・鮮やかさ・クリアさの度合いがそれぞれ異なります。パーソナルカラーでは、そうした属性が似ている色をカテゴライズし、「春」「夏」「秋」「冬」という四季の名前がついた4つのグループに分類しています。各タイプに属する代表的な色をご紹介します。

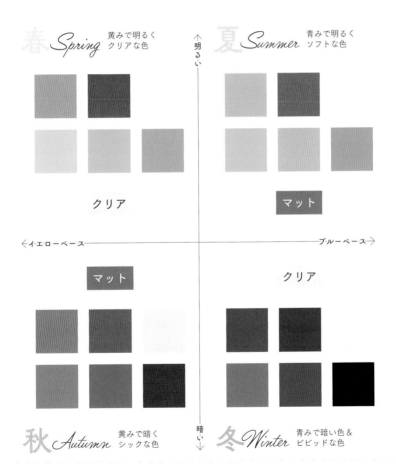

春 *Spring* 黄みで明るく
クリアな色

↑明るい

夏 *Summer* 青みで明るく
ソフトな色

クリア

マット

←イエローベース─────

マット

─────ブルーベース→

クリア

秋 *Autumn* 黄みで暗く
シックな色

↓暗い

冬 *Winter* 青みで暗い色＆
ビビッドな色

パーソナルカラーセルフチェック

あなたがどのパーソナルカラーのタイプにあてはまるか、セルフチェックをしてみましょう。迷った場合は、いちばん近いと思われるものを選んでください。

① できるだけ太陽光が入る部屋、または明るく白い照明光の部屋で診断してください。

② ノーメイクでおこなってください。

③ 着ている服の色が影響しないように白い服を着ましょう。

診断はこちらの
ウェブサイトでも
できます（無料）

Q1 あなたの髪の色は？
（基本は地毛。カラーリングしている方はカラーリング後の色でもOK）

A　黄みの
ライトブラウン

B　赤みのローズブラウン、
または
ソフトなブラック

C　黄みのダークブラウン、
または緑みの
マットブラウン

D　ツヤのあるブラック

Q2 あなたの髪の質感は？

A　ふんわりと
やわらかい
（ねこっ毛だ）。

B　髪は細めで
サラサラだ。

C　太さは普通で
コシとハリがある。

D　1本1本が太くて
しっかりしている。

Q3 あなたの瞳は？

A　キラキラとした黄みの
ライトブラウン〜
ダークブラウン。

B　赤みのダークブラウン
〜ソフトなブラック。
ソフトでやさしい印象。

C　黄みのダークブラウン
で落ち着いた印象。
緑みを感じる方も。

D　シャープなブラック。
白目と黒目の
コントラストが強く
目力がある。
切れ長の方も。

Q4 あなたの肌の色は？

A	B	C	D

明るいアイボリー。ツヤがあって皮膚は薄い感じ。	色白でピンク系。なめらかな質感で頬に赤みが出やすい。	暗めのオークル系。頬に色味がなくマットな質感。くすみやすい方も。	ピンク系で色白。または濃いめの肌色で皮膚は厚め。

Q5 日焼けをすると？

A	B	C	D
赤くなってすぐさめる。比較的焼けにくい。	赤くなりやすいが日焼けはほとんどしない。	日焼けしやすい。黒くなりやすくシミができやすい。	やや赤くなり、そのあときれいな小麦色になる。

Q6 家族や親しい友人からほめられるリップカラーは？

A	B	C	D
クリアなピーチピンクやコーラルピンク	明るいローズピンクやスモーキーなモーブピンク	スモーキーなサーモンピンクやレッドブラウン	華やかなフューシャピンクやワインレッド

Q7 人からよく言われるあなたのイメージは？

A	B	C	D
キュート、フレッシュ、カジュアル、アクティブ	上品、やさしい、さわやか、やわらかい	シック、こなれた、ゴージャス、落ち着いた	モダン、シャープ、スタイリッシュ、クール

Q8 ワードローブに多い、得意なベーシックカラーは？

A	B	C	D
ベージュやキャメルを着ると、顔色が明るく血色よく見える。	ブルーグレーやネイビーを着ると、肌に透明感が出て上品に見える。	ダークブラウンやオリーブグリーンを着ても、地味にならずにこなれて見える。	ブラックを着ても暗くならず、小顔＆シャープに見える。

Q9 よく身につけるアクセサリーは？

A	B	C	D
ツヤのあるピンクゴールドや明るめのイエローゴールド	上品な光沢のシルバー、プラチナ	マットな輝きのイエローゴールド	ツヤのあるシルバー、プラチナ

Q10 着ていると、家族や親しい友人からほめられる色は？

A	B	C	D
明るい黄緑やオレンジ、黄色などのビタミンカラー	ラベンダーや水色、ローズピンクなどのパステルカラー	マスタードやテラコッタ、レンガ色などのアースカラー	ロイヤルブルーやマゼンタ、真っ赤などのビビッドカラー

A が多かった方は　**春** Spring タイプ

B が多かった方は　**夏** Summer タイプ

C が多かった方は　**秋** Autumn タイプ

D が多かった方は　**冬** Winter タイプ

いちばんパーセンテージの高いシーズンがあなたのパーソナルカラーです。パーソナルカラー診断では似合う色を決める4つの要素である「ベース（色み）」「明るさ（明度）」「鮮やかさ（彩度）」「クリアか濁っているか（清濁）」の観点から色を分類し、「春夏秋冬」という四季の名称がついたカラーパレットを構成しています。

パーソナルカラーは、はっきりわかりやすい方もいれば、複数のシーズンに似合う色がまたがる方もいます。パーソナルカラーでは、いちばん似合う色が多いグループを「1stシーズン」、2番目に似合う色が多いグループを「2ndシーズン」と呼んでいます。

・春と秋が多い方　黄みのイエローベースが似合う（ウォームカラータイプ）
・夏と冬が多い方　青みのブルーベースが似合う（クールカラータイプ）
・春と夏が多い方　明るい色が似合う（ライトカラータイプ）
・秋と冬が多い方　深みのある色が似合う（ダークカラータイプ）
・春と冬が多い方　クリアで鮮やかな色が似合う（ビビッドカラータイプ）
・夏と秋が多い方　スモーキーな色が似合う（ソフトカラータイプ）

The「春」「夏」「秋」「冬」タイプの方と、2ndシーズンをもつ6タイプの方がいて、パーソナルカラーは大きく10タイプに分類することができます（10Type Color Analysis by 4element®）。

※迷う場合は、巻末の「診断用カラーシート」を顔の下にあててチェックしてみてください（ノーメイク、自然光または白色灯のもとでおこなってください）。

春 Spring タイプ

カジュアル キュート

アクティブ フレッシュ

どんなタイプ？

かわいらしく元気な印象をもつ春タイプ。春に咲き誇るお花畑のような、イエローベースの明るい色が似合います。

肌の色

明るいアイボリー系。なかにはピンク系の方も。皮膚が薄く、透明感があります。

髪・瞳の色

黄みのライトブラウン系。色素が薄く、瞳はガラス玉のように輝いている方が多いです。

似合うカラーパレット

春タイプの色が似合う場合：肌の血色がアップし、ツヤとハリが出る
春タイプの色が似合わない場合：肌が黄色くなり、顔が大きく見える

ベースカラー
（コーディネートの基本となる色）：
アイボリー、ライトウォームベージュ、ライトキャメルなど、黄みのライトブラウン系がおすすめ。

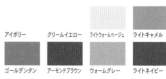

アイボリー　クリームイエロー　ライトウォームベージュ　ライトキャメル
ゴールデンタン　アーモンドブラウン　ウォームグレー　ライトネイビー

アソートカラー
（ベースカラーに組み合わせる色）：
ピーチピンク、ライトターコイズなどを選ぶと、肌がより明るく血色よく見えます。

ピーチピンク　アプリコット　ライトサーモン　コーラルピンク
ライトクリアゴールド　パステルイエローグリーン　ライトトゥルーグリーン　ライトターコイズ

アクセントカラー
（配色に変化を与える色）：
ライトオレンジやブライトイエローなどのビタミンカラー、クリアオレンジレッドなどのキャンディカラーがぴったり。

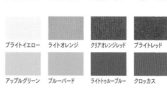

ブライトイエロー　ライトオレンジ　クリアオレンジレッド　ブライトレッド
アップルグリーン　ブルーバード　ライトトゥルーブルー　クロッカス

夏 Summer タイプ

やさしい
さわやか
やわらかい　　上品

どんなタイプ？
エレガントでやわらかい印象をもつ夏タイプ。雨のなかで咲く紫陽花のような、ブルーベースのやさしい色が似合います。

肌の色

明るいピンク系。色白で頬に赤みのある方が多いです。

髪・瞳の色

赤みのダークブラウン系か、ソフトなブラック系。穏やかでやさしい印象。

似合うカラーパレット

夏タイプの色が似合う場合：肌の透明感がアップし、洗練されて見える

夏タイプの色が似合わない場合：肌が青白く見え、寂しい印象になる

ベースカラー
（コーディネートの基本となる色）：
ライトブルーグレー、ソフトネイビー、ローズベージュなどで上品に。

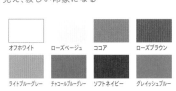

オフホワイト　　ローズベージュ　　ココア　　ローズブラウン

ライトブルーグレー　チャコールブルーグレー　ソフトネイビー　グレイッシュブルー

アソートカラー
（ベースカラーに組み合わせる色）：
青みのある明るいパステルカラーや、少し濁りのあるスモーキーカラーが得意。

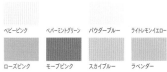

ベビーピンク　　ペパーミントグリーン　　パウダーブルー　　ライトレモンイエロー

ローズピンク　　モーブピンク　　スカイブルー　　ラベンダー

アクセントカラー
（配色に変化を与える色）：
ローズレッド、ディープブルーグリーンなど、ビビッドすぎない色が肌になじみます。

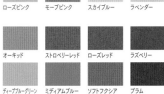

オーキッド　　ストロベリーレッド　　ローズレッド　　ラズベリー

ディープブルーグリーン　ミディアムブルー　ソフトフクシア　プラム

秋 Autumn タイプ

ゴージャス
シック
落ち着いた
こなれた

どんなタイプ？
大人っぽく洗練された印象をもつ秋タイプ。秋に色づく紅葉のような、イエローベースのリッチな色が似合います。

肌の色
やや暗めのオークル系。マットな質感で、頬に色味がない方も。

髪・瞳の色
黄みのダークブラウン系。グリーンっぽい瞳の方も。穏やかでやさしい印象。

似合うカラーパレット

秋タイプの色が似合う場合：肌の血色がアップし、なめらかに見える

秋タイプの色が似合わない場合：肌が暗く黄ぐすみして、たるんで見える

ベースカラー
（コーディネートの基本となる色）：
ダークブラウン、キャメル、オリーブグリーンなどのアースカラーも地味にならず洗練度アップ。

バニラホワイト　ベージュ　コーヒーブラウン　ダークブラウン

マホガニー　キャメル　ブロンズ　オリーブグリーン

アソートカラー
（ベースカラーに組み合わせる色）：
サーモンピンク、マスカットグリーンなど、少し濁りのあるスモーキーカラーで肌をなめらかに。

ディープピーチ　サーモンピンク　マスタード　マスカットグリーン

レンガ　アーミーグリーン　ダークターコイズ　レッドパープル

アクセントカラー
（配色に変化を与える色）：
テラコッタ、ゴールド、ターコイズなど、深みのあるリッチなカラーがおすすめ。

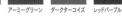

オレンジレッド　トマトレッド　テラコッタ　オレンジ

ゴールデンイエロー　ゴールド　ターコイズ　ディープイエローグリーン

冬 Winter タイプ

スタイリッシュ
モダン
クール
シャープ

どんなタイプ？
シャープで凛とした印象をもつ冬タイプ。澄んだ冬空に映えるような、ブルーベースのビビッドな色が似合います。

肌の色
明るめか暗めのピンク系。黄みの強いオークル系の方も。肌色のバリエーションが多いタイプ。

髪・瞳の色
真っ黒か、赤みのダークブラウン系。黒目と白目のコントラストが強く、目力があります。

似合うカラーパレット

冬タイプの色が似合う場合： フェイスラインがすっきりし、華やかで凛とした印象になる
冬タイプの色が似合わない場合： 肌から色がギラギラ浮いて見える

ベースカラー
（コーディネートの基本となる色）：
白・黒・グレーのモノトーンが似合う唯一のタイプ。濃紺も似合います。

ピュアホワイト　ライトグレー　ミディアムグレー　チャコールグレー
ブラック　グレーベージュ　ネイビーブルー

アソートカラー
（ベースカラーに組み合わせる色）：
深みのあるダークカラーで大人っぽく。薄いシャーベットカラーも得意。

ブルーレッド　マラカイトグリーン　パイングリーン　ロイヤルパープル
ペールグリーン　ペールブルー　ペールピンク　ペールバイオレット

アクセントカラー
（配色に変化を与える色）：
目鼻立ちがはっきりしているので、ショッキングピンクやロイヤルブルーなどの強い色にも負けません。

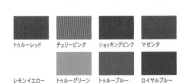

トゥルーレッド　チェリーピンク　ショッキングピンク　マゼンタ
レモンイエロー　トゥルーグリーン　トゥルーブルー　ロイヤルブルー

※ベース、アソート、アクセントカラーは配色によって変わることがあります

一度知れば一生役立つ、似合うファッションのルール

「骨格診断」

骨格診断って何？

　肌や瞳の色と同じように、生まれもった体型も人それぞれ。骨格診断は、体型別に似合うファッションを提案するメソッドです。

　体型といっても、太っているかやせているか、背が高いか低いか、ということではありません。

　骨や関節の発達のしかた、筋肉や脂肪のつきやすさ、肌の質感など、生まれもった体の特徴から「似合う」を導き出します。

　パーソナルカラーでは自分に似合う「色」がわかる、といいました。一方、骨格診断でわかるのは、自分に似合う「形」と「素材」。

　服・バッグ・靴・アクセサリーなど世の中にはさまざまなファッションアイテムがあふれていますが、自分の骨格タイプとそのルールを知っておけば、自分に似合う「形」と「素材」のアイテムを迷わず選びとることができるんです。

　体型に変化があっても、骨の太さが大きく変わることはありません。体重の増減が10kg前後あった場合、似合うものの範囲が少し変わってくることはありますが、基本的に骨格タイプは一生変わらないもの。つまり、自分の骨格タイプのルールを一度覚えてしまえば、一生役立ちます。

　年齢を重ねるとボディラインが変化していきますが、じつは変化のしかたには骨格タイプごとの特徴があります。そのため、年齢を重ねることでより骨格タイプに合ったファッションが似合うようになる傾向も。

　パーソナルカラーと骨格診断。どちらも、「最高に似合う」を「最速で叶える」ためのファッションルール。服選びに迷ったときや、鏡のなかの自分になんだかしっくりこないとき、きっとあなたを助けてくれるはずです。

3つの骨格タイプ「ストレート」「ウェーブ」「ナチュラル」

　骨格診断では、体の特徴を「ストレート」「ウェーブ」「ナチュラル」という3つの骨格タイプに分類し、それぞれに似合うファッションアイテムやコーディネートを提案しています。

　まずは、3タイプの傾向を大まかにご紹介しますね。

ストレート *Straight*

筋肉がつきやすく、立体的でメリハリのある体型の方が多いタイプ。シンプルでベーシックなスタイルが似合います。

ウェーブ *Wave*

筋肉より脂肪がつきやすく、平面的な体型で骨が華奢な方が多いタイプ。ソフトでエレガントなスタイルが似合います。

ナチュラル *Natural*

手足が長く、やや平面的な体型で骨や関節が目立つ方が多いタイプ。ラフでカジュアルなスタイルが似合います。

骨格診断セルフチェック

診断はこちらの
ウェブサイトでも
できます（無料）

あなたがどの骨格診断のタイプにあてはまるか、セルフ
チェックをしてみましょう。迷った場合は、いちばん近い
と思われるものを選んでください。
①鎖骨やボディラインがわかりやすい服装でおこないましょう。
　（キャミソールやレギンスなど）
②姿見の前でチェックしてみましょう。
③家族や親しい友人と一緒に、体の特徴を比べながらおこなうとわかりやすいです。

Q1 筋肉や脂肪のつき方は？

A 筋肉がつきやすく、二の腕や太ももの前の筋肉が張りやすい。

B 筋肉がつきにくく、腰まわり、お腹など下半身に脂肪がつきやすい。

C 関節が大きく骨が太め。肉感はあまりなく、骨張っている印象だ。

Q2 首から肩にかけてのラインは？

A 首はやや短め。肩まわりに厚みがある。

B 首は長めで細い。肩まわりが華奢で薄い。

C 首は長くやや太め。筋が目立ち肩関節が大きい。

Q3 胸もとの厚みは？

A 厚みがあり立体的（鳩胸っぽい）、バストトップは高め。

B 厚みがなく平面的、バストトップはやや低め。

C 胸の厚みよりも、肩関節や鎖骨が目立つ。

Q4 鎖骨や肩甲骨の見え方は？

A あまり目立たない。

B うっすらと出ているが、骨は小さい。

C はっきりと出ていて、骨が大きい。

Q5 体に対する手の大きさや関節は？

A 手は小さく、手のひらは厚い。骨や筋は目立たない。

B 大きさはふつうで、手のひらは薄い。骨や筋は目立たない。

C 手は大きく、厚さより甲の筋や、指の関節、手首の骨が目立つ。

Q6 手や二の腕、太ももの質感は？

A 弾力とハリのある質感。

B ふわふわとやわらかい質感。

C 皮膚がややかたくめで、肉感をあまり感じない。

Q7 腰からお尻のシルエットは？

A 腰の位置が高めで、腰まわりが丸い。

B 腰の位置が低めで、腰が横（台形）に広がっている。

C 腰の位置が高めで、お尻は肉感がなく平らで長い。

Q8 ワンピースならどのタイプが似合う？

A Iラインシルエットでシンプルなデザイン

B フィット＆フレアのふんわり装飾性のあるデザイン

C マキシ丈でゆったりボリュームのあるデザイン

Q9 着るとほめられるアイテムは？

A パリッとしたコットンシャツ、ハイゲージ（糸が細い）のVネックニット、タイトスカート

B とろみ素材のブラウス、ビジューつきニット、膝下丈のフレアスカート

C 麻の大きめシャツ、ざっくり素材のゆったりニット、マキシ丈スカート

Q10 どうもしっくりこないアイテムは？

A ハイウエストワンピ、シワ加工のシャツ、ざっくり素材のゆったりニット

B シンプルなVネックニット、ローウエストワンピ、オーバーサイズのカジュアルシャツ

C シンプルなTシャツ、フィット＆フレアの膝丈ワンピ、ショート丈ジャケット

― 診 断 結 果 ―

A が多かった方は **ストレート**タイプ

B が多かった方は **ウェーブ**タイプ

C が多かった方は **ナチュラル**タイプ

いちばん多い回答が、あなたの骨格タイプです（2タイプに同じくらいあてはまった方は、ミックスタイプの可能性があります）。BとCで悩んだ場合は、とろみ素材でフィット感のある、フリルつきのブラウス＆膝丈フレアスカートが似合えばウェーブタイプ、ローゲージ（糸が太い）のざっくりオーバーサイズのニット＆ダメージデニムのワイドシルエットが似合う方は、ナチュラルタイプの可能性が高いです。

ストレート Straight タイプ

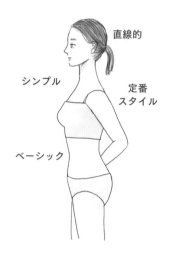

直線的

シンプル

定番スタイル

ベーシック

どんなタイプ？

グラマラスでメリハリのある体が魅力のストレートタイプ。シンプルなデザイン、適度なフィット感、ベーシックな着こなしで「引き算」を意識すると、全体がすっきり見えてスタイルアップします。

体の特徴

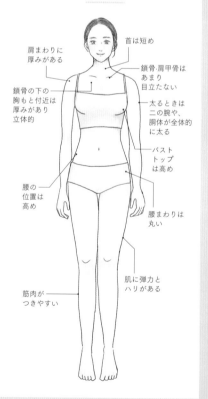

肩まわりに厚みがある

首は短め

鎖骨・肩甲骨はあまり目立たない

鎖骨の下の胸もと付近は厚みがあり立体的

太るときは二の腕や、胴体が全体的に太る

バストトップは高め

腰の位置は高め

腰まわりは丸い

肌に弾力とハリがある

筋肉がつきやすい

似合うファッションアイテム

パリッとしたシャツ、Vネックニット、タイトスカート、センタープレスパンツなど、シンプル＆ベーシックで直線的なデザイン。

似合う着こなしのポイント

Vネックで胸もとをあける、腰まわりをすっきりさせる、サイズやウエスト位置はジャストにする、Iラインシルエットにする、など。

似合う素材

コットン、ウール、カシミヤ、シルク、表革など、ハリのある高品質な素材。

似合う柄

チェック、ストライプ、ボーダー、大きめの花柄など、直線的な柄やメリハリのある柄。

ウェーブ Wave タイプ

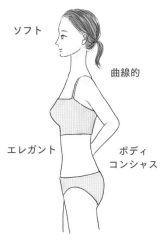

ソフト

曲線的

エレガント

ボディ
コンシャス

どんなタイプ？

華奢な体とふわふわやわらかい肌質が魅力のウェーブタイプ。曲線的なデザインや装飾のあるデザインで「足し算」を意識すると、体にほどよくボリュームが出て、エレガントさが際立ちます。

体の特徴

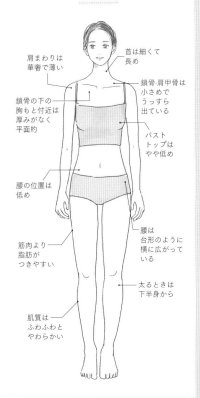

首は細くて
長め

肩まわりは
華奢で薄い

鎖骨・肩甲骨は
小さめで
うっすら
出ている

鎖骨の下の
胸もと付近は
厚みがなく
平面的

バスト
トップは
やや低め

腰の位置は
低め

腰は
台形のように
横に広がって
いる

筋肉より
脂肪が
つきやすい

太るときは
下半身から

肌質は
ふわふわと
やわらかい

似合うファッションアイテム

フリルや丸首のブラウス、プリーツやタックなど装飾のあるフレアスカート、ハイウエストのワンピースなど、ソフト＆エレガントで曲線的なデザイン。

似合う着こなしのポイント

フリルやタックで装飾性をプラスする、ハイウエストでウエストマークをして重心を上げる、フィット（トップス）＆フレア（ボトムス）のXラインシルエットにする、など。

似合う素材

ポリエステル、シフォン、モヘア、エナメル、スエードなど、やわらかい素材や透ける素材、光る素材。

似合う柄

小さいドット、ギンガムチェック、ヒョウ柄、小花柄など、小さく細かい柄。

ナチュラル Natural タイプ

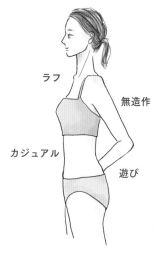

ラフ

無造作

カジュアル

遊び

どんなタイプ？
しっかりした骨格と長い手足が魅力のナチュラルタイプ。ゆったりシルエットや風合いのある天然素材で「足し算」を意識すると、骨格の強さとのバランスがとれて、こなれた雰囲気に仕上がります。

体の特徴

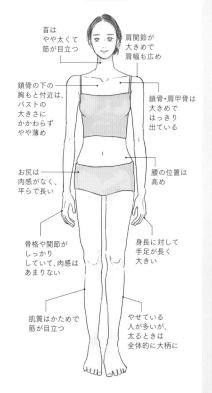

首は
やや太くて
筋が目立つ

肩関節が
大きめで
肩幅も広め

鎖骨の下の
胸もと付近は、
バストの
大きさに
かかわらず
やや薄め

鎖骨・肩甲骨は
大きめで
はっきり
出ている

お尻は
肉感がなく、
平らで長い

腰の位置は
高め

骨格や関節が
しっかり
していて、肉感は
あまりない

身長に対して
手足が長く
大きい

肌質はかためで
筋が目立つ

やせている
人が多いが、
太るときは
全体的に大柄に

似合うファッションアイテム
麻のシャツ、ざっくりニット、ワイドパンツ、マキシ丈スカートなど、ラフ＆カジュアルでゆったりとしたデザイン。

似合う着こなしのポイント
ボリュームをプラスしてゆったりシルエットをつくる、長さをプラス＆ローウエストにして重心を下げる、肌をあまり出さない、など。

似合う素材
麻、コットン、デニム、コーデュロイ、ムートンなど、風合いのある天然素材や厚手の素材。

似合う柄
大きめのチェック、ストライプ、ペイズリー、ボタニカルなど、カジュアルな柄やエスニックな柄。

Chapter 1

春×ストレートタイプの
魅力を引き出す
ベストアイテム

1

イ エ ロ ー の シ ャ ツ

身につけるだけで気持ちが明るくなるイエロー
は、フレッシュな魅力をもつ春タイプにぴったり
な色。シャツで大胆にとり入れてコーディネート
の主役に。ストレートタイプのシャツ選びは、パ
リッとした上質な綿素材、ぴったりでもオーバー
でもないジャストサイズ、肩から脇にかけて垂直
に切り替えが入っているセットインスリーブのも
のを。第1ボタンはあけて、首もとにVゾーン
をつくりましょう。

Shirt / 編集部私物

フレッシュな魅力が弾ける
ビタミンカラー

2

ベージュの
ジャンパースカート

合わせるインナーによって表情が変わるジャンスカは、1着あると便利なアイテム。明るいベージュなら肌の血色が増して、着まわし力も抜群です。スタイルアップの秘訣は、ハリのある素材と深めのVネック、すとんと落ちるIラインシルエット。ベルトやリボンはジャストウエストでマークします。ボディに立体感がある場合は、ベルト幅3cm前後がベター。

One piece / mil

その日の気分でいろんな"私"を楽しもう

3

ウォッシュドデニムのストレートパンツ

本来ストレートタイプはきれいめなインディゴブ
ルーのデニムが得意ですが、肌・髪・瞳の色が明
るい春タイプは、少しウォッシュのかかったデニ
ムが似合います。脚をきれいに見せるなら、太も
ものあたりだけ色落ちしていて立体感の出るデニ
ムがおすすめ。形は、適度な太さで裾が細くなっ
ていないストレートシルエット。きれいめな服や
小物と合わせて大人カジュアルを楽しんで。

Jeans / L.L.Bean

こなれたデニムで過ごす
ストレスフリーな木日

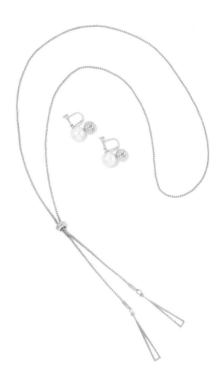

4

パールのイヤリング
みぞおちの長さのピンクゴールドネックレス

イヤリングやピアスは、存在感のある 8mm 以上
のパールがおすすめ。下がらないタイプのデザイ
ンが好バランスです。ネックレスは、ほんのりピ
ンクがかったゴールドで血色感アップ。ストレー
トタイプはみぞおちくらいの長さのものを選ぶと
重心バランスが整い、チェーンはやや太めのほう
が体にマッチします。直線を感じるシンプルなデ
ザインで大人っぽく。

Necklace / EUCLAID
Earrings / Kengo Kuma ＋
MA, YU

パールとゴールドで上品な光を添える

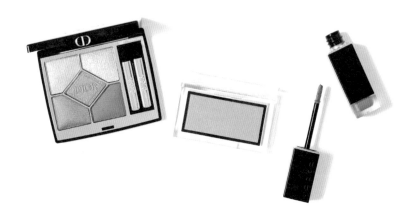

5

クリアカラーのツヤ感メイク

春×ストレートタイプのメイクは「ツヤ」が命。マットタイプではなくツヤ感や透け感のあるコスメを選ぶことが美肌の秘訣です。色はオレンジやライトサーモンなど、くすみがなくて明るいイエローベースカラーをセレクト。ブラウン系も、明るめで黄みのあるベージュやアーモンドブラウンが似合います。目もとには大粒のラメを重ねてキラキラ感をアップ。

アイシャドウ /
DIOR ディオールショウ サンク クルール 429 トワル ドゥ ジュイ
チーク /
ADDICTION アディクション ザ ブラッシュ 008M Timeless Petal (M) タイムレス ペタル
リップ /
SUQQU コンフォート リップ フルイド フォグ 04 華霜 HANASHIMO

春色のきらめきで
〝大人かわいい〟を手に入れる

春×ストレートはどんなタイプ？

いつまでもフレッシュに輝く

春の花々のようなキュートなカラーや、見ていると元気になるビタミンカラーがよく似合う春タイプ。ストレートタイプが得意なベーシックアイテムを明るい色で着ると、春×ストレートタイプのフレッシュさが輝きます。年齢にかかわらず明るい色を思いきり楽しんで、魅力を最大限にいかしましょう。

イメージワード

フレッシュ、カジュアル、アクティブ、キュート

春×ストレートタイプの有名人

橋本環奈、今田美桜、上戸彩、小嶋陽菜
（※写真での診断によるものです）

春タイプの特徴

・イエローベース、高明度、高彩度、クリア
・明るくてかわいらしい色が似合う

ストレートタイプの特徴

・グラマラスでメリハリのある体
・シンプルでベーシックなアイテムが
　似合う

似合う色、苦手な色

春タイプに似合う色

　肌・髪・瞳の色が明るめの方が多い春タイプは、明るく透明感のあるイエローベースの色が得意。肌の血色感がアップし、ツヤとハリが生まれます。顔立ち（とくに目の印象）がやさしい方はパステルカラー、顔立ちが華やかな方は鮮やかな色が似合いやすいです。

　ストレートタイプの方には、明るいイエローやオレンジなどがとくにおすすめです。

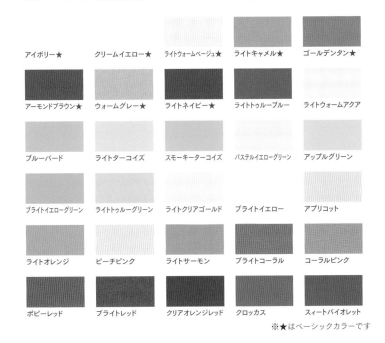

アイボリー★	クリームイエロー★	ライトウォームベージュ★	ライトキャメル★	ゴールデンタン★
アーモンドブラウン★	ウォームグレー★	ライトネイビー★	ライトトゥルーブルー	ライトウォームアクア
ブルーバード	ライトターコイズ	スモーキーターコイズ	パステルイエローグリーン	アップルグリーン
ブライトイエローグリーン	ライトトゥルーグリーン	ライトクリアゴールド	ブライトイエロー	アプリコット
ライトオレンジ	ピーチピンク	ライトサーモン	ブライトコーラル	コーラルピンク
ポピーレッド	ブライトレッド	クリアオレンジレッド	クロッカス	スィートバイオレット

※★はベーシックカラーです

春タイプが苦手な色

　くすみのある色や暗い色は苦手な傾向。顔色が沈んで見えてしまいます。とくにダークグレーやブラックは、服選びで候補にあがりやすい色ですが、春タイプの透明感を消してしまう原因に。

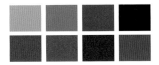

色選びに失敗しないための基礎知識

色の「トーン」のお話

実際に服やコスメを選ぶときは、39ページの似合う色のカラーパレットと照らし合わせると選びやすいと思います。

ここからは、「カラーパレットにない色を選びたい」「似合う色を自分で見極められるようになりたい」という方のために、ちょっと上級者向けの色のお話をしますね。

下の図は、色を円環状に配置した「色相環」という図です。これは、赤・緑・青などの「色相」（色味の違い）を表しています。この色相環をもとに、ベースの色味が決まります。

ただ、色の違いは色相だけでは説明できません。同じ赤でも、明るい赤や暗い赤、鮮やかな赤やく

すんだ赤があるように、色には「明度」（明るさ）や「彩度」（鮮やかさ）という指標もあります。

明度や彩度が異なることによる色の調子の違いを「トーン」と呼んでいます。右ページ下の図は、色相とトーンをひとつの図にまとめたもの。

「ビビッド」は純色と呼ばれる、最も鮮やかな色。そこに白を混ぜていくと、だんだん高明度・低彩度に。黒を混ぜていくと、だんだん低明度・低彩度になります。

白か黒を混ぜるだけでは色は濁らずクリア（清色）ですが、グレー（白＋黒）を混ぜるとマット（濁色）になります。

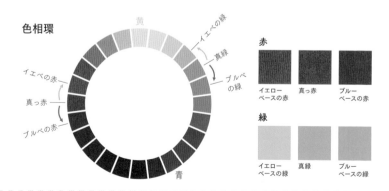

色相環

黄

イエベの緑

真緑

ブルベの緑

イエベの赤

真っ赤

ブルベの赤

青

赤

| イエローベースの赤 | 真っ赤 | ブルーベースの赤 |

緑

| イエローベースの緑 | 真緑 | ブルーベースの緑 |

春タイプに似合う色のトーンは？

個人差はありますが、下のトーン図でいうと、lt（ライト）、b（ブライト）、v（ビビッド）などが春タイプに似合いやすい色。このなかでも黄みのある色を選べばOKです。

明度が高くクリアな色も、難なく着こなせてしまうのが春タイプ。明るい肌・髪・瞳の色と調和し、キラキラと輝かせてくれます。

トーン図

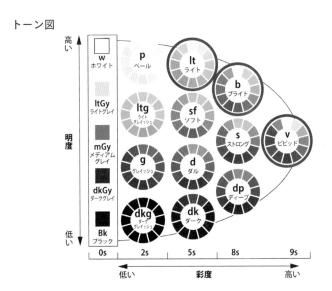

第一印象は「フォーカルポイント」で決まる

フォーカルポイントとは？

　おでこから胸もとまでの約30㎝のゾーンを「フォーカルポイント」（目を引く部分）といいます。私たちは人と対面するとき、相手のフォーカルポイントを見てその人がどんな人かを無意識に判断しています。

　つまり、顔だけでなく「服のネックライン」までもが第一印象を左右するということ。

　「似合う」を手軽に、でも確実に手に入れるためには、顔まわりにパーソナルカラーをもってくることと同時に、服のネックラインにこだわることがとても大切なんです。

似合うフォーカルポイントの
つくり方

　似合うネックラインと、苦手なネックライン。それは、骨格タイプによって決まります。

　体に立体感があるストレートタイプの方は、フォーカルポイントもすっきりさせることが鉄則。そのため、首もとがあいていない服やタートルネックではなく、ネックラインがあいた服を選ぶのがおすすめです。

　バストが豊かな方は、デコルテが見えるくらい大きくあいたデザインを。

　バストが豊かで、かつ首が短めな方は、縦方向に大きくあいたVネックを。

　ストレートタイプは直線的なデザインが似合いますが、顔に丸みのある方は、Uネックやハートシェイプなど曲線的にあいたネックラインがマッチします。

　でも、冬の寒い日など、首もとをしっかり防寒したいときもありますよね。

　そんなときは、厚手のタートルネックは避けて、薄手の折り返しがないハイネックニットを。その上からみぞおちの長さのネックレスをしてVラインを強調すると、Vネックの服を着ているときと似た効果が得られます。

　ネックラインのほか、フォーカルポイントに近いスリーブ（袖）ラインも、肩まわりや二の腕の印象に影響を与えます。ネックラインに加えて意識するとさらに効果的！

サンクチュアリ出版 年間購読メンバー

クラブS

sanctuary books members club

1〜2ヵ月で1冊ペースで出版。

電子書籍の無料閲覧、イベント優待、特別付録など、
様々な特典も受けられるお得で楽しい公式ファンクラブです。

■ **サンクチュアリ出版の新刊が
すべて自宅に届きます。**

もし新刊がお気に召さない場合は他の本との
交換もできます。 ※合計12冊のお届けを保証。

■ **サンクチュアリ出版の電子書籍が
読み放題になります。**

スマホやパソコン、どの機種からでも閲覧可能です。
※主に2010年以降の作品が対象です。

■ **オンラインセミナーに
特別料金でご参加いただけます。**

著者の発売記念セミナー、本の制作に関わる
プレセミナー、体験講座など。

その他、さまざまな特典が受けられます。

クラブSの詳細・お申込みはこちらから

http://www.sanctuarybooks.jp/clubs

クラブS

会員さまのお声

読みやすい本ばかりでどの本も面白いです。

会費に対して、とてもお得感があります。

電子書籍読み放題と、新刊以外にも交換できるのがいいです。

サイン本もあり、本を普通に購入するよりお得です。

来たり来なかったりで気長に付き合う感じが私にはちょうどよいです。ポストに本が入っているとワクワクします。

自分では買わないであろう本を読んで新たな発見に出会えました。

オンラインセミナーに参加して、新しい良い習慣が増えました。

何が届くかわからないわくわく感。まだハズレがない。

本も期待通り面白く、興味深いものと出会えるし、本が届かなくても、クラブS通信を読んでいると楽しい気分になります。

読書がより好きになりました。普段購入しないジャンルの書籍でも届いて読むことで興味の幅が広がりました。

自分の心を切り開く本に出会いました。悩みの種が尽きなかったのに、そうだったのか！！！ってほとんど悩みの種はなくなりました。

頭のいい人の対人関係
誰とでも対等な
関係を築く交渉術

東大生が日本を
100人の島に例えたら
面白いほど経済がわかった!

なぜか感じがいい人の
かわいい言い方

貯金すらまともにできていま
せんが この先すっとお金に
困らない方法を教えてください!

考えすぎない人
の考え方

相手もよろこぶ 私もうれしい
オトナ女子の気くばり帳

ぜったいに
おしちゃダメ?

**サンクチュアリ
出版の
主な書籍**

カメラはじめます!

学びを結果に変える
アウトプット大全

多分そいつ、
今ごろパフェとか
食ってるよ。

お金のこと何もわからないまま
フリーランスになっちゃいましたが
税金で損しない方法を教えてください!

カレンの台所

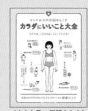

オトナ女子の不調をなくす
カラダにいいこと大全

図解 ワイン一年生

覚悟の磨き方
～超訳 吉田松陰～

サンクチュアリ出版 = 本を読まない人のための 出版社

はじめまして。サンクチュアリ出版・広報部の岩田梨恵子と申します。この度は数ある本の中から、私たちの本をお手に取ってくださり、ありがとうございます。…って言われても「本を読まない人のための出版社って何ソレ??」と思った方もいらっしゃいますよね。なので、今から少しだけ自己紹介させてください。

ふつう、本を買う時に、出版社の名前を見て決めることってありませんよね。でも、私たちは、「サンクチュアリ出版の本だから買いたい」と思ってもらえるような本を作りたいと思っています。そのために "1冊1冊丁寧に作って、丁寧に届ける" をモットーに1冊の本を半年から1年ほどかけて作り、少しでもみなさまの目に触れるように工夫を重ねています。

そうして出来上がった本には、著者さんだけではなく、編集者や営業マン、デザイナーさん、カメラマンさん、イラストレーターさん、書店さんなどいろんな人たちの思いが込められています。そしてその思いが、時に「人生を変えてしまうほどのすごい衝撃」を読む人に与えることがあります。

だから、ふだんはあまり本を読まない人にも、読む楽しさを忘れちゃった人たちにも、もう1度「やっぱり本っていいよね」って思い出してもらいたい。誰かにとっての「宝物」になるような本を、これからも創り続けていきたいなって思っています。

似合う！

第1ボタンをあけてVゾーンをつくれば、首
やデコルテがすっきり！
春タイプに似合う、元気なイエローでフレッ
シュに。

しっくり
こない……

首もとがあいていないと、首が
短く、ずんぐりとした印象に。
くすんだ色や暗い色、しわ加
工の素材も苦手。

似合うネックライン

Vネック

Uネック

スクエアネック

シャツカラー

ラウンドネック

ハイネック

似合うスリーブライン

半袖

ロールアップスリーブ

体の質感でわかる、似合う素材と苦手な素材

高品質素材が似合うストレートタイプ

　骨格診断でわかるのは、似合うファッションアイテムの「形」と「素材」。形だけでなく素材もまた、似合う・似合わないを決める重要なポイントです。

　ストレートタイプは、肌に弾力があって比較的筋肉質の方が多いタイプ。体の質感がリッチなので、それに負けないくらいのハリと適度な厚みがある高品質素材が似合います。

　たとえば綿100%のシャツ。ブロードと呼ばれる、目の詰まった平織りの生地などは、上質で品がありストレートタイプにぴったり。

　そのほか、目の詰まったハイゲージニット、ハリのあるシルク100%のブラウス、丈夫なギャバジン生地のトレンチコートなどもおすすめ。夏に麻素材が着たくなったら、ポリエステル混などのしっかりした生地のものを選ぶといいですよ。

　きれいめな素材が得意なストレートタイプですが、厚手のデニムやハリのあるスウェット生地でカジュアルスタイルを楽しむのもすてきです。

体の質感に負けるのはどんな素材？

　やわらかすぎる素材や薄手の素材、透ける素材は、リッチな体の質感とマッチせずチープな印象に。ざっくりと編まれたローゲージニットは体の立体感が増し、ボディフィットタイプのストレッチ素材は体のラインを拾いすぎてしまいます。

　高品質素材が似合うとはいえ、最近はリーズナブルでおしゃれな服がたくさん出ていて気になりますよね。ユニクロなどはプチプラでもしっかりした素材のものが多くおすすめです。

　なかには、ストレートタイプだけど肌がやわらかい、ウェーブタイプがミックスしている方も。とくに春×ストレートタイプは肌が薄く、やわらかい方が多い傾向にあります。その場合、パリッとした高品質素材がしっくりこないかもしれません。

　そんなときはポリエステル素材もOK。できるだけハリのあるものを選んでみると、肌質になじみやすいと思います。

ストレートタイプに似合う素材

コットン

革

サテン

ウール

デニム

コーデュロイ

ストレートタイプに似合う柄

バーバリーチェック

ボーダー

ドット

ストライプ

花柄

アーガイル

重心バランスを制すると、
スタイルアップが叶う

自分の体の「重心」はどこにある？

　骨格タイプごとにさまざまな体の特徴がありますが、大きな特徴のひとつに「重心」の違いがあります。骨格診断でいう重心とは、体のなかでどこにボリュームがあるかを示す言葉。

　ストレートタイプは、胸もとに立体感がありバストトップの高い方が多いので、横から見るとやや上重心ですが、基本的に偏りはなく「真ん中」。

　ウェーブタイプは、バストトップや腰の位置が低く、腰の横張りがある「下重心」。

　ナチュラルタイプは、肩幅があって腰の位置が高く、腰幅の狭い「上重心」の方が多いです。

　自分の体の重心がどこにあるかを知り、服や小物で重心を移動させてちょうどいいバランスに調整する。これが、スタイルアップの秘訣です！

ストレートタイプに似合う重心バランス

　重心バランスを調整するためにまずチェックしたいのが、「ウエスト位置」と「トップスの着丈」。ストレートタイプはもともと重心が真ん中にあるため、重心を上げたり下げたりする必要はありません。

　ウエスト位置はジャスト。トップスの着丈も、腰骨に少しかかる程度のジャスト丈がおすすめ。

　ハイウエストにしたほうが脚長効果があるように感じるかもしれませんが、じつはストレートタイプの場合は逆効果。トップスをインして高い位置でウエストマークしたり、着丈の短いトップスを着たりすると、胸もとが詰まってバランスが悪く見えます。反対に、着丈の長いトップスを着ると、胴が間延びして見えます。

　重心バランスには、服だけでなく小物も関係します。バッグは、もつ位置によって重心を上下させることが可能。ストレートタイプは重心を移動させる必要がないので、トートバッグもハンドバッグもふつうにもてばOKです。

　靴は、ボリュームによって重心を上下させます。ストレートタイプは、ボリュームのある靴や華奢な靴は避けて、シンプルな靴を選べば大丈夫。

　ネックレスの長さも抜かりなく！　長すぎず短すぎず、みぞおちくらいの長さのものを選ぶと、ちょうどいいバランスに仕上がります。

結論！
春×ストレートタイプに似合う
王道スタイル

明るい春カラーの
きれいめ
カジュアルスタイル

ハリのある
上質素材

春タイプの
パーソナルカラー
でフレッシュに

装飾のない
シンプルな
デザイン

第1ボタンを
あけてVゾーンを
確保

ウエスト位置を
ジャストにキープ

小物も
イエローベースの
ブラウン系

"ぴったり"でも
"ゆったり"でもない
適度なフィット感

マチありの四角い
大きめバッグ

ストレートシルエット
のパンツで脚長効果

ボリュームがあり
すぎないシンプル
なサンダル

パーソナルカラーと
骨格診断に
合っていない
ものを着ると……

ブルーベースの色は、
顔が青白く見える原因

首もとが詰まって
ずんぐり見える

しわ加工の風合いの
ある素材が
だらしない印象

重心が下がって
バランスがイマイチ

苦手はこう攻略する！

Q. 苦手な色のトップスを着たいときは？

A1. セパレーションする

苦手な色を顔から離す方法が「セパレーション」。
首もとに似合う色のネックレスやスカーフをする
など、似合う色を少しでも顔まわりにもってくる
ことが大切。セパレーションが難しいタートル
ネックは似合う色を選ぶことをおすすめします。

A2. メイクは似合う色にする

メイクの色は顔に直接的な影響を与えます。苦手
な色のトップスの影響を和らげるには、アイシャ
ドウ・チーク・リップを似合う色で徹底！

Q. 暗い色のトップスを着たいときは？

A. アクセサリーで顔に光を集める

春タイプの方は暗すぎる色が苦手なので、代わりにピアス・イヤリングやネックレスで
顔に光を集めましょう。真っ白すぎない、少し黄みがかったパールがおすすめ。

Q. 鮮やかな色のトップスを着たいときは？

A. アイメイクをしっかりする

春タイプのなかでもやさしい顔立ちの方は、アイブロウ・アイライン・マスカラをいつ
もより少ししっかりめに。目の印象を強くすると鮮やかな色が似合いやすくなります。

春×ストレートタイプのベストアイテム12

　ここからは、春×ストレートタイプの方におすすめしたいベストアイテム12点をご紹介。春×ストレートタイプの魅力を最大限に引き出してくれて、着まわし力も抜群のアイテムを厳選しました。

　これらのアイテムを使った14日間のコーディネート例もご紹介するので、毎日の着こなしにぜひ活用してください。

• BEST ITEM 1 •

アイボリーのTシャツ

イエローベースの方におすすめのTシャツは、真っ白ではなく黄みがかったアイボリー。適度にハリのある素材とベーシックなデザインがストレートタイプの鉄則です。きれいめな英字ロゴが大人っぽいアクセントに。

肩が落ちていない
ベーシックな
デザイン

きれいめな
ロゴ入り

ハリのある
綿素材

Fleurette

少し黄みのある
アイボリー

身幅も着丈も
ジャストサイズ

T-shirt / THE SHOP TK
（ジレとセット）

イエローのシャツ

ベーシックな形の綿シャツは、春×ストレートタイプの雰囲気にぴったりのビタミンカラーで。カジュアルスタイルにも、きちんと感のあるコーディネートに少し遊びを入れたいときも、大活躍してくれるアイテムです。

第1〜2ボタンまであけて
Vネックラインをつくる

ビタミンカラーの
イエロー

大きすぎず
小さすぎない
適度なフィット感

ハリのある
綿素材

装飾のない
シンプルなデザイン

Shirt / 編集部私物

キャメルのハイゲージ V ネックニット

首もとがすっきり見える V ネックニットは、目の詰まったハイゲージで、
適度な厚みとハリのある上質なものを。キャメルならどんな色にも合わせ
やすく、春タイプの肌をより美しく見せてくれます。

春タイプの美肌を
際立たせるキャメル

ストレートの鉄則、
V ネック（顔に曲線
が多い方はUネック
もOK）

目の詰まった
ハイゲージ

腰骨に少し
かかる程度の
ちょうどいい着丈

大きすぎず
小さすぎない適度な
フィット感

Knit / INDIVI（著者私物）

ベージュのスカート

明るいベージュは、春タイプイチオシのベーシックカラー（定番色）。ギャザーやタックが入っていないベーシックなスカートをセレクト。ストレートタイプは膝下が細くまっすぐな方が多いので、膝下が見える丈がおすすめです。

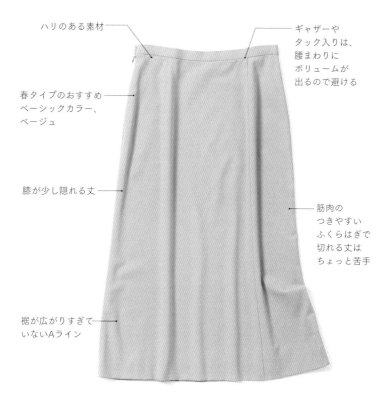

ハリのある素材

ギャザーや
タック入りは、
腰まわりに
ボリュームが
出るので避ける

春タイプのおすすめ
ベーシックカラー、
ベージュ

膝が少し隠れる丈

筋肉の
つきやすい
ふくらはぎで
切れる丈は
ちょっと苦手

裾が広がりすぎて
いないAライン

Skirt / 編集部私物

ウォッシュドデニムのストレートパンツ

ストレートタイプは濃いインディゴデニムが定番ですが、明るい色が得意な春タイプは、少し色落ちしたウォッシュドデニムが似合います。スリムすぎない適度な太さのストレートシルエットがおすすめ。

インディゴブルー

少し色落ちした
ウォッシュド
デニム

太ももあたりの
色落ちは、立体感
が生まれて美脚
効果に

スリムでも
ワイドでもない
適度な太さ

裾が細くなっていない
ストレートシルエット

Jeans / L.L.Bean

• BEST ITEM 6 •

ベージュのジャンパースカート

着まわし自在のジャンパースカート。春タイプがベーシックカラーで1着選ぶなら、ふんわりソフトにかわいらしく着こなせるベージュがおすすめ。深めのVネックと、すとんと落ちるIラインシルエットのものを選んで。

深めのVネック

春タイプの
かわいらしさ
を引き立てる
ベージュ

ウエストリボンは
ジャスト位置で
締める

ボディに立体感が
ある場合は、
幅3cm前後の
ウエストベルトに

ハリのある素材

Iラインシルエットで
スタイルアップ

One piece / mil

ベージュのテーラードジャケット

シンプルなテーラードジャケットがよく似合うストレートタイプ。適度なフィット感と、腰骨にかかるくらいの標準丈、襟も大きすぎず小さすぎないノッチドラペル（普通襟）で。顔色をいきいきと輝かせる明るいベージュが◎。

春タイプは
ダークカラーより
明るいベージュ

大きすぎず
小さすぎない
ノッチドラペル

適度な
フィット感

シンプルな形の
テーラードジャケット

腰骨にかかる
くらいの着丈

Jacket / INDIVI（著者私物）

キャメルのチェスターコート

直線で構成されたチェスターコートはストレートタイプにぴったり。選ぶポイントは、適度にかっちりとした肩、大きすぎない身幅、ミドル丈、裾が広がっていないIラインシルエット。まろやかな色で冬の装いをソフトに。

適度に
かっちりとした
肩ライン

重くなりがちな
冬コーデを
ソフトにする
キャメル

広がりすぎない
ジャストサイズの
身幅

裾が広がって
いないIライン
シルエット

膝くらいの
ミドル丈

Coat / 編集部私物

アーモンドブラウンのレザートート

バッグを選ぶときは、リッチな肌質と体型に負けないレザー（表革）素材を。合皮でもOKですが、しっかりしていて上質そうなものを選ぶのがポイント。マチのある大きめのデザインで、色は黄みの強いアーモンドブラウンがおすすめ。

上質なレザー素材

A4以上の
大きめサイズ

マチありの
しっかりしたつくり

上品さと
かわいらしさを
兼ね備えた
アーモンドブラウン

四角くてシンプルな
デザイン

Bag / Trysil

アイボリーのローファー

きちんと感と抜け感が同時に手に入る、アイボリーのキャンバス地のローファー。どんなスタイルにもマッチする優秀な1足です。ベージュのパイピングやゴールドの金具が上品なアクセントに。

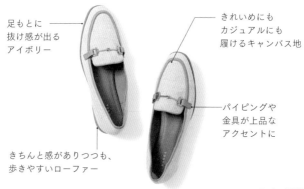

足もとに
抜け感が出る
アイボリー

きれいめにも
カジュアルにも
履けるキャンバス地

パイピングや
金具が上品な
アクセントに

きちんと感がありつつも、
歩きやすいローファー

Loafers / RANDA

パールのイヤリング
みぞおちの長さのピンクゴールドネックレス

春タイプの明るい肌には、黄みの強すぎないやわらかなゴールドがマッチ。イヤリングやピアスは、8mm以上の真っ白すぎないパールがついたシンプルなものを。ネックレスはみぞおちの長さで細すぎないチェーンがおすすめ。

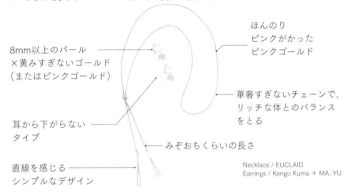

ほんのり
ピンクがかった
ピンクゴールド

8mm以上のパール
×黄みすぎないゴールド
（またはピンクゴールド）

華奢すぎないチェーンで、
リッチな体とのバランス
をとる

耳から下がらない
タイプ

みぞおちくらいの長さ

直線を感じる
シンプルなデザイン

Necklace / EUCLAID
Earrings / Kengo Kuma + MA, YU

ゴールド×シルバーの腕時計

手首をさりげなく飾る腕時計も、機能性だけでなく色や形にこだわってコーディネートを楽しみましょう！　春×ストレートタイプにおすすめの1本は、ゴールドとシルバーのミックスがやわらかい印象を醸し出すメタル製。

ゴールド×シルバーの
メタル素材

上品な雰囲気の
ローマンインデックス

やや丸みを
帯びたシンプルな
デザイン

Watch / Cartier（著者私物）

着まわしコーディネート 14Days

　自分に本当に似合うものを選ぶと、「最小限のアイテム」で「最高に似合うコーディネート」をつくることができるようになります。

　先ほどのベストアイテム12点をベースに、スタイリングの幅を広げる優秀アイテムをプラスして、春×ストレートタイプに似合う14日間のコーディネート例をご紹介します。

• BEST ITEM •

① アイボリーのTシャツ

② イエローのシャツ

③ キャメルのハイゲージ Vネックニット

④ ベージュのスカート

⑤ ウォッシュドデニムのストレートパンツ

⑥ ベージュのジャンパースカート

⑦ ベージュのテーラードジャケット

⑧ キャメルのチェスターコート

⑨ アーモンドブラウンのレザートート

⑩ アイボリーのローファー

⑪ パールのイヤリング／みぞおちの長さのピンクゴールドネックレス

⑫ ゴールド×シルバーの腕時計

切手を
お貼り下さい

113-0023

東京都文京区向丘2-14-9
サンクチュアリ出版
『パーソナルカラー春×骨格診断ストレート
似合わせBOOK』
読者アンケート係

ご住所　　〒□□□-□□□□	
TEL※	
メールアドレス※	
お名前	男・女 （　　歳）

ご職業

1 会社員　2 専業主婦　3 パート・アルバイト　4 自営業　5 会社経営　6 学生　7 その他

ご記入いただいたメールアドレスには弊社より新刊のお知らせや
イベント情報などを送らせていただきます。　　　　　　　　　　メルマガ不要 □
希望されない方は、こちらにチェックマークを入れてください。

『パーソナルカラー春×骨格診断ストレート　似合わせBOOK』
読者アンケート

本書をお買上げいただき、まことにありがとうございます。
読者サービスならびに出版活動の改善に役立てたいと考えておりますので
ぜひアンケートにご協力をお願い申し上げます。

■本書はいかがでしたか？　該当するものに〇をつけてください。

最悪	悪い	普通	良い	最高
★	★★	★★★	★★★★	★★★★★

■本書を読んだ感想をお書きください。

A ベージュのボーダーカットソー

Tops / mite

B アイボリーのプチハイネッククリブニット

Knit / 編集部私物

C グレーのスウェットパーカ

Hoodie / 編集部私物

D ウォームグレーのジレ

Gilet / Attenir

E バニラホワイトのセンタープレスパンツ

Pants / ZARA（編集部私物）

F ベージュのトレンチコート

Coat / ATTRANGS

● PLUS ITEM 小物 ●

バッグ

Bag（イエロートート）/ L.L.Bean、（ブラウントート）/ Tory Burch（著者私物）、（オレンジ）/ Attenir、（グリーントート）/ L.L.Bean、（ブラウン×ベージュレザートート）/ Trysil

靴

Boots / 卑弥呼、Sneakers / CONVERSE、Pumps（ブラウン×ゴールド金具つき）/ MAMIAN、Loafers（パイソン）/ 卑弥呼、（ブラウン）/ WASHINGTON、Sandals / 編集部私物

アクセサリー

Necklace（パール×チェーン）/ EUCLAID、（ゴールドチェーン）/ Le scale、（パール）/ VENDOME AOYAMA、Earrings（ゴールドバータイプ）/ Kengo Kuma + MA, YU、（ゴールドフープ）/ VENDOME AOYAMA、（パール）/ EUCLAID

メガネ・サングラス

Sunglasses / Ray-Ban®（編集部私物）、Glasses（ブラウン太め）/ Zoff、（ブラウン細め）/ メガネスーパー× STORY（著者私物）

そのほかの小物

Hat / 編集部私物、Scarf（イエロー）/ CELINE（著者私物）、（グリーン）/ GUCCI（著者私物）、Stole（ホワイト）/ FURLA、（その他）/ 著者私物

Day 1

フレッシュなイエローシャツで気分も明るく

イエローとネイビーは、どんな明度や彩度で合わせても相性がいい組み合わせ。春タイプのフレッシュさをより引き出す鮮やかなイエローシャツに、少しウォッシュのかかったインディゴデニム、バッグとスニーカーで白を加えることでアクティブに。ストレートタイプは、シャツの第1ボタンをあけて軽やかに着こなしましょう。

②＋⑤＋⑪＋Ａ

あたたかみのあるグレーのジレとバニラ
ホワイトのパンツでワントーンコーデ。
全体的にやさしい色合いなので、デザイ
ンはストレートタイプの得意な辛口のシ
ンプルなものをチョイスしてクールさを
プラス。ハリのある素材のジレは、スト
レートタイプにおすすめのアイテム。全
体のすっきり感が増し、おしゃれな雰囲
気に仕上がります。

①+⑨+D+E

リラックスコーデで
近所の早朝マルシェへ

春タイプはカジュアルなイメージのパー
カがよく似合います。色は黄みのあるグ
レーがおすすめ。厚手のジャストサイズ
なら、きれいめが得意なストレートタイ
プにフィットします。バッグはネイビー
の反対色のイエローがおしゃれ。レザー
のスニーカーできれいめにまとめて、サ
ングラスをプラスすれば大人のカジュア
ルスタイルに。

①+⑤+C

ブライトイエローのシャツを主役に、ベージュのボーダーカットソー、バニラホワイトのパンツを合わせたカジュアルなオフィススタイル。この3色は黄色・オレンジ系色相の濃淡なので、きれいに調和します。イエローの同系色にあたる黄緑のストールがアクセントに。フレッシュなビタミンカラーで仕事もはかどりそう。

②＋A＋E

ビタミンカラーの
オフィスカジュアル

Day5

キャメルとネイビーは補色（真反対の色）。トップスとボトムスにとり入れるだけでおしゃれ見えするおすすめの組み合わせです。カジュアルになりがちなデニムスタイルですが、VネックニットとパールアクセをプラスしてV上品さを添えて。キャメルと相性抜群のパールは、真っ白ではなくあたたかみを感じる白を選ぶと、春タイプの肌によくなじみます。

③＋⑤＋A

カジュアルなデニムを
大人っぽく着こなす

デスクワークの日はナチュラルカラーで穏やかに

穏やかなベージュのワンピースに、反対色相でトーンの近いやわらかなターコイズブルーのストールを羽織ると、リラックス感のある着こなしに。肌寒いときにさっと羽織れるストールは、アクセントにもなって便利。バッグとブーツには、ワンピースと同系色の濃淡になるブラウン系をセレクト。やさしい雰囲気のコーディネートをおしゃれに引き締めます。

⑥ + ⑨ + ⑪ + B

適度にラフな
きちんとコーデで
友人と食事へ

やさしいイメージのワントーンコーデは、パンツスタイルでキリッと着こなすとひと味違った雰囲気に。ライトブラウンの小物で自然なコントラストをつくり、グリーンのスカーフで華やかさをプラスして。スリーシーズン活躍するプチハイネックニットは、みぞおちの長さのネックレスでVゾーンを演出して首もとの詰まり感を和らげるのがコツ。

⑦ + B + E

Day8

初夏にぴったりの
さわやかデートスタイル

春タイプをよりやさしくかわ
いらしい雰囲気にしてくれる
ベージュのワンピースは、黄
緑のストールを添えてナチュ
ラルに。ハリのある素材の半
袖Tシャツをインナーにし
て、二の腕まわりもさりげな
くカバー。ウエストはジャス
ト位置でマークすると、スト
レートタイプに適した重心バ
ランスになります。

①+⑥

シックなジレを
カジュアルに遊ぶ

シックで洗練されたイメージのウォーム
グレーのジレは、アイボリーのプチハイ
ネックニットとデニムを組み合わせるこ
とで、上品さと大人の余裕を感じるカ
ジュアルスタイルに。ネイビーと補色（真
反対の色）のビビッドなオレンジをアク
セントにして、品のよさのなかにもフ
レッシュな魅力を足すと、春×ストレー
トタイプらしい装いになります。

⑤ + ⑩ + ⑪ + B + D

オフィスOKの
華やかカラーコーデ

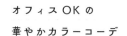

華やかなイエローのシャツは見える面積
を小さくし、同系色のベージュのジャ
ケットとベージュのスカートを合わせた
コーディネート。トライしやすいのに遊
び心のあるオフィススタイルの完成で
す。バッグと靴はブラウン系で。服より
暗い色を小物で入れると、全体が引き締
まってきちんと感が増します。

② + ④ + ⑦ + ⑨

人気のフレンチディナーは上品スタイルで

Day 11

アイボリー系のワントーンコーデにキャメルのコートを合わせ、やわらかさが漂う上品スタイルに。バッグや靴も明るい色でそろえて、ストールには反対色のソフトなターコイズブルーを選べば知的さもアップ。直線的なデザインのアイテムも、あたたかみのある色にすることで、ハンサムな雰囲気とかわいらしい雰囲気を同時に引き出せます。

⑧ + ⑪ + B + E

きれいめカジュアルで
家族と公園ピクニック

Day 12

ベージュのボーダーカットソー、グレーのパーカ、ビビッドなオレンジのバッグを合わせて、親しみやすさのある配色に。バッグとスニーカーはレザー素材を選ぶと、カジュアルになりすぎず大人っぽく決まります。膝下がまっすぐで美しい方の多いストレートタイプ。膝下が見える丈のスカートなら、魅力が映えるすてきなスカートスタイルに。

④ + A + C

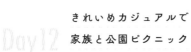

渋谷のミニシアターで若手監督の映画を鑑賞

ネイビーと反対色のベージュを基調に、同系色のスカイブルーやブラウンを小物にちりばめた、シックでまとまりのあるコーディネート。しっかりした厚手素材で直線要素の多いトレンチコートは、ストレートタイプが得意な王道アイテム。デニムやトートを合わせてカジュアルダウンすることで、ラフなカッコよさが生まれます。

⑤＋⑩＋A＋F

きちんと感を意識して
子どもの三者面談へ

ウォームグレー×アイボリー×ベージュの穏やかな色調でまとめたコーディネートは、きちんとした場にぴったり。春タイプの引き締め色は暗すぎないほうがすてきなので、明るめブラウンのバッグと靴をチョイスします。ジレが演出する胸もとのVゾーンとIラインシルエットで、全体的にやさしい色合いながらもスタイルアップ効果抜群。

④＋⑨＋B＋D

Column

ストレートタイプなのに直線が似合わない!?

　骨格診断をしていると、「体型はストレートなのに、ストレートのアイテムがしっくりこない」という方が時々います。

　その場合、まず考えられる理由は「顔の印象」。たとえば、目が丸い、おでこや頬やフェイスラインに丸みがあるなど、顔のなかに曲線が多く入っている方は、本来ストレートタイプに似合うはずの直線的なアイテムが似合いにくいケースがあるのです。

　パーソナルカラー診断では「似合う色」を、骨格診断では「似合う形と素材」を見極めますが、加えてサロンでおこなっているのが「似合うファッションテイスト」を見極める『顔診断』。

　顔診断では、「顔の縦横の比率」「輪郭が直線的か曲線的か」「目の形や大きさ」などにより、顔の印象を4つのタイプに分類します。

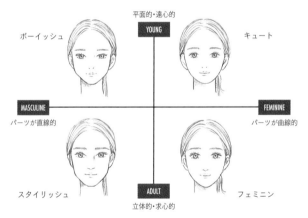

顔の印象に近づける、似合わせのコツ

　ストレートタイプなのにストレートのアイテムが似合いにくいのは、曲線的な「キュート」「フェミニン」タイプ。その場合、襟や袖など顔に近いパーツに曲線のディテールを入れると◎。

　子ども顔の「キュート」タイプの方は、ストレートの得意なきれいめアイテムで全身を固めるとしっくりこないことが多いので、カジュアルテイストにまとめるのがポイント。

　大人顔の「フェミニン」タイプの方は、きれいめなテイストはそのままに、素材をハリのあるポリエステルなど少しやわらかいものにすると、シンプルなシルエットでも似合いやすくなります。

Chapter 2

なりたい自分になる、
春×ストレートタイプの
配色術

ファッションを
色で楽しむ配色のコツ

ファッションに色をとり入れるのはハードルが高くて、気がつけばいつも全身モノトーン……。そんな方も多いのではないでしょうか？

でも、自分のパーソナルカラーを知ったいまならチャレンジしやすいはず。ぜひ積極的に似合う色をとり入れて、バリエーション豊かな着こなしを楽しんでいただきたいなと思います。

この章からは、色のあるアイテムをとり入れるときに役立つ「配色」のコツをご紹介。

配色とは、2種類以上の色を組み合わせること。相性のいい色同士もあれば、組み合わせるとイマイチな色同士もあり、配色によって生まれる雰囲気もさまざまです。

すてきな配色に見せる基本ルールを知っておくと、なりたいイメージやシチュエーションに合わせて自在に色を操れるようになり、ファッションがもっと楽しくなります。

すてきな配色に見せるには

40ページで、色味の違いを「色相」、明度や彩度の違いを「トーン」と呼ぶとお伝えしました。配色で重要なのは、この「色相」と「トーン」の兼ね合いです。

・色相を合わせるなら、
　トーンを変化させる。

・色相を変化させるなら、
　トーンを合わせる。

これが配色の基本セオリー。どういうことなのか、コーディネートに使える6つの配色テクニックとともにくわしく説明していきますね。

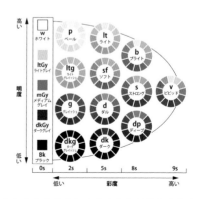

色相を合わせる

色相環で近い位置にある色同士（色味が似ている色同士）を組み合わせるときは、トーンを変化させます。たとえばオレンジ系の色同士を配色するなら、明度や彩度の異なるオレンジを組み合わせる、といった感じ。色相を合わせる配色のことを「ドミナントカラー配色」といいます。

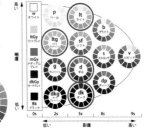

色相環で近い色味でまとめ、トーンは変化をつけて選択。

トーンオントーン

ドミナントカラー配色のなかでもコーディネートに使いやすいのが「トーンオントーン配色」。トーンのなかで比較的「明度」の差を大きくつける方法です。色相（色味）のまとまりはありながらも、明るさのコントラストがはっきり感じられる配色です。

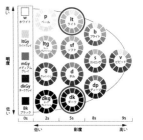

色相環で近い色味（同一も含む）でまとめ、トーンは縦に離す。明度差を大きくとって選択。

トーンを合わせる

色相環で遠いところにある色相同士（色相に共通性がない反対色）を組み合わせるときは、トーンを合わせます。明度や彩度が似ている色同士を組み合わせると、きれいな配色になります。トーンを合わせる配色のことを「ドミナントトーン配色」といいます。

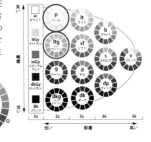

トーン図で近いトーンでまとめ、色相は変化をつけて選択。

色相・トーンを合わせる（ワントーン配色）

色相・トーンともにほとんど差のない色同士をあえて配色することもあります。ファッション用語では「ワントーン」と呼ばれたりもします。専門用語では「カマイユ配色」や「フォカマイユ配色」（カマイユ配色より色相やトーンに少し差をつけた配色）と呼ばれる穏やかな配色で、その場合は異なる素材のアイテム同士を組み合わせるとおしゃれです。

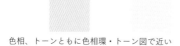

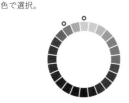

色相、トーンともに色相環・トーン図で近い色で選択。

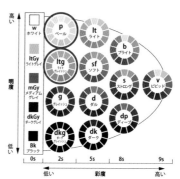

色相・トーンを変化させる（コントラスト配色）

一方、色相やトーンが対照的な色同士を組み合わせると、コントラストがはっきりした配色になります。代表的な配色としては、2色の組み合わせの「ビコロール配色」、3色の組み合わせの「トリコロール配色」があります。

色相やトーンを、色相環・トーン図で離れた色で選択。

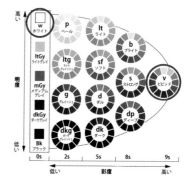

アクセントカラーを入れる

コーディネートが単調で物足りないときに使うといいのが「アクセントカラー」（強調色）。少量のアクセントカラーをとり入れるだけで、配色のイメージが驚くほど変わります。アクセントカラーは、ベースカラーやアソートカラーの「色相」「明度」「彩度」のうち、どれかの要素が大きく異なる色を選ぶのがポイント。

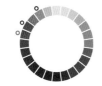

ベース、アソートに対して、反対の要素の色を入れる（この場合はトーン図で主に横に離れた、彩度が反対の色）。

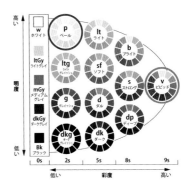

セパレートカラーを入れる

色と色の間に無彩色（白・グレー・黒など色味のない色）や低彩度色（色味の弱い色）を挟む方法。色相・トーンの差が少ない似た色同士の間にセパレートカラーを挟むと、メリハリが生まれます。また、組み合わせると喧嘩してしまうような色同士の間に挟むと、きれいにまとまります。ニットの裾からシャツを覗かせたり、ベルトをしたり、セパレートカラーを使うときは少ない面積でとり入れるのがポイント。

間に白を入れることで、すっきりとした印象に。

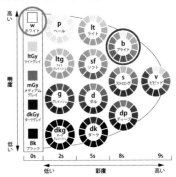

どの色を着るか迷ったときは？
色の心理的効果

自分に似合う色を知っていても、どの色を着ればいいのか迷うことがあるかもしれません。そんなときは、「今日1日をどんな自分で過ごしたいか」から考えてみるのはいかがでしょうか。色によって得られる心理効果はさまざま。色の力を借りれば、新しい自分や新しい日常と出会えるかも！

エネルギッシュに過ごしたい日は
RED レッド

炎や血液を彷彿とさせる、エネルギッシュで情熱的なレッド。大脳を刺激して興奮させる効果があります。

- 自分を奮い立たせて、やる気を出したい日に
- 自信をもって過ごしたい日に
- ここぞという勝負の日に

社交的に過ごしたい日は
ORANGE オレンジ

太陽の光のようにあたたかく親しみがあり、活動的なオレンジ。新しい環境や出会いの場におすすめの色です。

- 積極的にコミュニケーションをとりたい日に
- 陽気な気分で過ごしたい日に
- カジュアルな着こなしをしたい日に

思いきり楽しく過ごしたい日は
YELLOW イエロー

明るく元気なイメージのイエロー。目立ちやすく、人の注意を引く色なので、信号機や標識にも使われます。

- ポジティブに過ごしたい日に
- まわりから注目されたい日に
- 知的好奇心やひらめき力を高めたい日に

リラックスして過ごしたい日は
GREEN グリーン

調和・平和・協調など、穏やかな印象をもつグリーン。自然や植物のように心身を癒やしてくれるヒーリングカラー。

- 心身にたまった疲れを癒やしたい日に
- 些細なことでクヨクヨしてしまう日に
- 穏やかな気持ちでいたい日に

冷静に過ごしたい日は
BLUE ブルー

寒色の代表色で、冷静・信頼・知性などを連想させるブルー。血圧や心拍数を低減させ、気持ちの高揚を鎮める作用があります。

- 心を落ち着かせたい日に
- 考えごとやタスクが多く、焦っている日に
- 理知的な雰囲気を演出したい日に

個性的な自分で過ごしたい日は

PURPLE パープル

古くから高貴な色とされてきた
パープル。正反対の性質をもつ
レッドとブルーからなるため、神
秘的な魅力があります。

・我が道を進みたい日に
・ミステリアスな魅力をまといたい
　日に
・格式高い場所へ行く日に

思いやりをもって過ごしたい日は

PINK ピンク

精神的な充足感を与えてくれるピ
ンク。女性ホルモンであるエスト
ロゲンの働きを高め、肌ツヤを
アップさせる作用も。

・まわりの人たちにやさしくしたい
　日に
・幸福感を感じたい日に
・誰かに甘えたい日に

堅実に過ごしたい日は

BROWN ブラウン

大地のようにどっしりとした安定
を表すブラウン。ダークブラウン
はクラシックなイメージの代表色
でもあります。

・コツコツがんばりたい日に
・自然体でいたい日に
・高級感を演出したい日に

自分を洗練させたい日は

GRAY グレー

日本を代表する粋な色、グレー。
「四十八茶百鼠」という言葉があ
るように、江戸時代の人は 100 種
以上ものグレーを生み出したそう。

・こなれ感を出したい日に
・シックな装いが求められる日に
・控えめに過ごしたい日に

新しいスタートを切りたい日は

WHITE ホワイト

白無垢やウェディングドレス、白
衣など、清く神聖なものに使われ
るホワイト。純粋さや清潔さを感
じさせる色です。

・新しいことを始める日に
・素直でありたい日に
・まわりの人から大切にされたい日に

強い自分でありたい日は

BLACK ブラック

強さや威厳、都会的などのイメー
ジをもつブラック。1980 年代以
降、ファッション界で圧倒的な人
気を誇ります。

・強い意志を貫きたい日に
・プロフェッショナル感を出したい日に
・スタイリッシュな着こなしをした
　い日に

11色で魅せる、
春×ストレートタイプの配色コーディネート

PINK 1
ピンク

抜け感を意識した
大人かわいいピンクコーデ

アイボリーの上下にピーチピンクのシャ
ツワンピを羽織ったキュートなコーディ
ネートも、スカートではなくデニムパン
ツを合わせることで、甘さを抑えた抜け
感のあるスタイルに。バッグとサンダル
をシャツと同系色の濃淡にすれば、アク
セントにも統一感が生まれます。スト
レートデニムと直線的なデザインのサン
ダルで、骨格タイプにもバッチリ対応。

甘さ控えめ
大人かわいいスタイル
シャツワンピの着こなし方

①色相を合わせる

⑤アクセントカラーを入れる

Tank top / UNIQLO（編集部私物）
One piece / ATTRANGS
Pants / KOBE LETTUCE
Sandals / 卑弥呼
Bag / KOBE LETTUCE
Earrings / Kengo Kuma ＋ MA, YU
Necklace / VENDOME AOYAMA
Belt / GU（編集部私物）

PINK 2

ピンク

気になっていた近所の
オーガニックカフェでランチ

やさしいピンクとぬくもりのあるベージュでつくる、リラックス感のあるスタイル。全体が明るい色合いなので、ブラウンの小物でアクセントを。ゆるっとしたイメージのリラックスコーデを着るときは、ボーダーカットソーやセンタープレスパンツで直線を意識して。かごバッグはA4程度の大きめサイズがストレートタイプにマッチします。

#ストレートタイプのリラックスコーデ
#休日もかわいい装いがしたい
#やわらかカラーで気分もほっこり

③色相・トーンを合わせる

⑤アクセントカラーを入れる

T-shirt / mite
Cardigan / UNIQLO（編集部私物）
Pants / ROYAL PARTY LABEL
Sandals / 著者私物
Bag / 編集部私物
Sunglasses / Ray-Ban®（編集部私物）
Earrings / 編集部私物

似合うピンクの選び方

濁りのないクリアな明るいピンク、ぬくもりを感じるピーチピンク、コーラルピンクやオレンジに近いライトサーモンは、春タイプの肌を血色よく見せ、キュートな雰囲気に。反対に、濁りや青みの強いモーブピンクや暗いマゼンタは、顔色が悪く見えてしまいます。

似合うピンク

ピーチピンク　　コーラルピンク　　ライトサーモン

苦手なピンク

モーブピンク　　オーキッド　　マゼンタ

YELLOW 1

フレンチシックなコーデで
代官山の蚤の市へ

互いの色を引き立てるイエロー×ブルーの反対色の効果を利用し、アクティブさを出したワザあり配色。ボーダーカットソーとバッグのラインをブルーの濃淡にして奥行きをプラスし、靴は白でさわやかに。ストレートタイプが得意なタイトスカートは、少しやわらかい素材でも、カットソーを腰に巻くことでヒップラインをカバーできます。

\# 反対色の力でおしゃれ上級者に
\# ヒップラインのカバー方法
\# アクティブコーデ

②トーンを合わせる

⑤アクセントカラーを入れる

T-shirt / COS（編集部私物）
Border T-shirt / mite
Skirt / UNIQLO（著者私物）
Sneakers / CONVERSE
Bag / L.L.Bean
Glasses / メガネスーパー（著者私物）
Earrings / EUCLAID
Necklace / 編集部私物

YELLOW 2

イエロー

休日に上野の
美術館と博物館をはしごする

同系色の配色コーデをおしゃれに着るコ
ツは、メリハリをつけること。ライトイ
エローのニットとキャメルのライダース
ジャケットでまとまりを出したら、同じ
黄色・オレンジ系の色相でありながらも
トーン（明度や彩度）に差のあるバッグ
や靴を合わせてコントラストをつけま
す。スカートはアイボリーで軽やかに。
好奇心の赴くままに展示を鑑賞する日に
ぴったり。

#メリハリ同系色コーデ
#たくさん歩けるきれいめスタイル
#好奇心を刺激するイエロー

①色相を合わせる

⑤アクセントカラーを入れる

Knit / JUSGLITTY（著者私物）
Jacket / ICB（著者私物）
Skirt / allureville（著者私物）
Watch / Cartier（著者私物）
Boots / 卑弥呼
Bag / Tory Burch（著者私物）
Earrings / EUCLAID
Necklace / PLUS VENDOME

似合うイエローの選び方

イエローはキュートなイメージの春タイ
プによく似合う色。顔立ちがやさしい方
は、カスタードクリームのようなまろや
かなイエローがおすすめ。目もとがはっ
きりした方は、鮮やかなイエローがとて
も似合います。同系色のオレンジや黄緑
と合わせるとよりフレッシュで元気な印
象に。同じイエロー系でも、暗いゴール
ドや濁ったマスタードは苦手です。

似合うイエロー

クリームイエロー	ライトクリアゴールド	ブライトイエロー

苦手なイエロー

ゴールド	マスタード	レモンイエロー

ORANGE 1

オレンジ

太陽のように輝く
夏のリゾートコーデ

少しハードルの高い鮮やかなオレンジの
ワンピースも、補色（真反対の色）の関
係にあるブルーのデニムジャケットを合
わせればカジュアルダウンして、ぴった
り似合うように。小物にベージュやブラ
ウンなどのオレンジ系の濃淡をちりばめ
れば、まとまりと立体感が生まれます。
ワンピースはVネックとIラインシルエッ
トを選んでスタイルアップ。

ビビッドカラーを着こなす
おしゃれ度アップの補色コーデ
陽気なオレンジで休暇を満喫

（②トーンを合わせる）

One piece / Diagcan（著者私物）
Jacket / L.L.Bean
Sandals / AER ADAM ET ROPE（著者私物）
Bag / ZARA（著者私物）
Sunglasses / Ray-Ban®（編集部私物）
Earrings / EUCLAID

オレンジ
ORANGE 2

キャンディーカラー
＆マーメイドで甘めに

ハンサムな装いが似合うストレートタイプですが、甘めのコーデを着たい日や、顔に曲線の要素が多い方は、すとんと落ちる形のマーメイドスカートがおすすめです。ポリエステルでもハリのある素材を選ぶと○。色はオレンジ×アイボリーでかわいらしく。その分、トップスをシンプルなVネックニットにして甘さを少し中和すれば、ちょうどいいテイストになります。

ストレートタイプが甘さを出すコツ
似合うマーメイドスカート
キャンディーカラー

①色相を合わせる

⑤アクセントカラーを入れる

Knit / OFUON（著者私物）
Skirt / Mila Owen（著者私物）
Sandals / AER ADAM ET ROPE（著者私物）
Glasses / 著者私物
Bag / COACH（著者私物）
Earrings / LUNA EARTH（編集部私物）

似合うオレンジの選び方

淡いアプリコットから鮮やかなオレンジまで幅広く着こなせる春タイプ。明るくクリアなオレンジを選ぶことで、ライトブラウンの髪と瞳が輝きを増し、その場にいるだけでまわりがパッと明るくなるような魅力があふれます。一方、暗く濁ったテラコッタは顔色が沈みがちなので気をつけて。

似合うオレンジ

アプリコット　　ライトオレンジ　　ブライトコーラル

苦手なオレンジ

テラコッタ

BEIGE 1

ベージュ

仕事モードの日も
ビビッドカラーで華やかに

ベージュ×ターコイズの反対色パワーで
品のよさとさわやかさを引き出した、お
しゃれ上級者に見える配色。ベージュと
同系色のブラウンを小物にちりばめて、
全体を引き締めます。ハイゲージニット
にタイトスカートの組み合わせなら、き
ちんと感とＩラインを同時に演出。首も
とがあいていない場合、みぞおちの長さ
のネックレスでＶゾーンをつくるのを
忘れずに。

おしゃれに見える反対色パワー
オフィスでも浮かない華やかコーデ
ネックレスでつくるＶゾーン

④色相・トーンを変化させる

⑤アクセントカラーを入れる

Knit / SHOO・LA・RUE
Jacket / L.L.Bean
Skirt / 編集部私物
Pumps / MAMIAN
Bag / Tory Burch（著者私物）
Earrings / Kengo Kuma ＋ MA, YU
Necklace / VENDOME AOYAMA
Belt / GU（編集部私物）

BEIGE 2
ベージュ

上品スタイルに反対色で
アクセントをきかせて

ベージュにブラウンを合わせると落ち着
いたイメージの配色に。地味になりがち
なアースカラーも、春タイプならシック
に着こなせます。白シャツで抜け感を出
し、反対色であるブルーのストールを足
せば、メリハリのあるこなれた雰囲気に
なります。ストレートタイプの得意な
チェック柄をストールでとり入れて、似
合う度をさらにアップ。

\# 差し色をスパイスに
\# アースカラーをシックに着こなす
\# 小物で直線をプラス

①色相を合わせる

⑤アクセントカラーを入れる

Shirt / NEWYORKER
Cardigan / UNIQLO（編集部私物）
Skirt / Champion
Loafers / WASHINGTON
Bag / COACH （著者私物）
Stole / 編集部私物
Glasses / メガネの愛眼
Earrings / EUCLAID
Necklace / PLUS VENDOME

似合うベージュの選び方

黄みを感じるビスケットのようなベー
ジュ、まろやかなキャメルなどの明るい
色を選ぶと、春タイプの明るい肌や瞳の
色と調和して、とてもかわいらしい雰囲
気に。ベージュはヌーディーカラーでも
あるので、かわいさだけでなく大人っぽ
い魅力も発揮できる、春タイプイチオシ
のベーシックカラーです。グレーっぽい
ベージュは、顔色が寂しい印象になるの
で気をつけましょう。

似合うベージュ

ライトウォームベージュ　ライトキャメル

苦手なベージュ

グレーベージュ

さわやかデニムワンピで
ルーフトップバーへ

ブルーデニムのシャツワンピースとイエローのかごバッグを合わせた、アクティブな反対色コーデ。イエローと同系色のブラウンをサングラスやサンダルにとり入れることで統一感が出ます。ストレートタイプがフレアワンピを選ぶときは、ウエストにギャザーやタックが入っていないものを。デニムにパールネックレスを合わせる、簡単あか抜けテクもおすすめ。

初夏のさわやかスタイル
デニムワンピのおしゃれな着こなし方
夜景に乾杯

②トーンを合わせる

⑤アクセントカラーを入れる

One piece / GRACE CONTINENTAL（著者私物）
Sandal / AER ADAM ET ROPE（著者私物）
Earrings / 著者私物
Bag / cache cache
Stole / FURLA
Sunglasses / Ray-Ban®（編集部私物）
Necklace / VENDOME AOYAMA

BLUE 2
ブルー

清涼感を身にまとって
湘南ドライブ

鮮やかなターコイズブルーは、ホワイト
のTシャツでコントラストをつけてさ
わやかに。ライトブラウンの小物で春タ
イプらしいフレッシュさを添え、新緑の
ようなみずみずしいグリーンのストール
をプラスすれば、より清涼感の漂うスタ
イルに仕上がります。ジャストサイズで
セットインスリーブ（普通袖）のTシャ
ツとタイトスカートで、シルエットも美
しく。

強めのコントラストでさわやかに
ブルーとグリーンで清涼感アップ
海辺ドライブコーデ

④色相・トーンを変化させる

T-shirt / THE SHOP TK
Skirt / allureville（著者私物）
Stole / 著者私物
Loafers / RANDA
Bag / Tory Burch（著者私物）
Sunglasses / Ray-Ban®（編集部私物）
Earrings / VENDOME AOYAMA
Ear cuff / SWAROVSKI（編集部私物）

似合うブルーの選び方

イエローベースに似合うブルーは、やや
緑みを感じるターコイズブルー。なかで
も、澄んだ海を連想させる明るいアクア
ブルーや鮮やかなターコイズは、春タイ
プにとくにおすすめの色です。夏タイプ
に属するスカイブルーに近い色も、さわ
やかに着こなせます。暗く濁ったブルー
は、春タイプの肌の透明感を消してしま
うので、避けるのがベター。

似合うブルー

アクアブルー　　ライトターコイズ　　ブルーバード

苦手なブルー

ダークターコイズ　　グレイッシュブルー　　ロイヤルブルー

グリーン
GREEN

洗練配色で
アフタヌーンティーを楽しむ

パステル系の黄緑とアイボリーを合わせた、癒しカラーのコーデ。ビビッドなグリーンとターコイズブルーを小物でプラスすれば、ひと味違うこなれ感が生まれてグッと洗練されます。フレッシュな色づかいをするときは、Vネックニットやマキシ丈タイトスカートなどのアイテムで大人っぽさを足すと、バランスのいい着こなしに。

グリーンはヒーリングカラー
センスが光る洗練配色
マキシ丈スカートで品よく

②トーンを合わせる

⑤アクセントカラーを入れる

Knit / JUSGLITTY（著者私物）
Skirt / ZARA（著者私物）
Boots / EIZO（著者私物）
Earrings / 著者私物
Bag / COLE HAAN（編集部私物）
Scarf / CELINE（著者私物）

似合うグリーンの選び方

春タイプに似合うグリーンは、新緑のようなフレッシュでみずみずしい黄緑。明るくクリアな黄緑を選ぶことで、もち前の透明感のある肌がより美しく見える効果が期待できます。暗いオリーブグリーン、青みの強いマラカイトグリーンは、顔色が悪く見えてしまうので注意を。

似合うグリーン

パステルイエローグリーン　アップルグリーン　ライトトゥルーグリーン

苦手なグリーン

オリーブグリーン　マラカイトグリーン　パイングリーン

<ruby>RED<rt>レッド</rt></ruby>

ビビッドなレッドと
パイソン柄で新しい自分に

着こなすのにちょっと勇気がいるビビッドなレッドは、顔から離れたボトムスでとり入れることでハードルがグッと下がります。アイボリーのデニムジャケットでカジュアルダウンして、落ち着いたブラウンを足せば、大人かわいいスタイルに。足もとはポインテッドトゥのパイソンサンダルをセレクト。色と柄を積極的に使って、新鮮な自分を楽しみましょう！

\# 情熱的なビビッドカラーに挑戦
\# 派手色を着こなすコツ
\# 色と柄で遊ぶ

> ①色相を合わせる

> ⑤アクセントカラーを入れる

T-shirt / UNIQLO（編集部私物）
Jacket / L.L.Bean
Skirt / EMMEL REFINES（著者私物）
Pumps / GINZA Kanematsu（著者私物）
Earrings / WYTHE CHARM（著者私物）
Watch / Cartier（著者私物）
Bag / Trysil

似合うレッドの選び方

多種多様なレッドのなかでも、黄みがかった明るく鮮やかな朱赤を選ぶことで、髪や瞳がキラキラと輝きを増し、春タイプのフレッシュな美しさが引き立ちます。ワインレッドやレンガ色などの暗い赤は、顔に影が入り重たくなってしまうので顔まわりは避けて。顔から遠いボトムスだととり入れやすくなります。

似合うレッド

クリアオレンジレッド　ブライトレッド

苦手なレッド

レンガ　　　ワインレッド　　バーガンディー

PURPLE
パープル

書店に併設のカフェで
推理小説を一気読み

華やかなパープルを着こなすポイント
は、春タイプのベーシックカラーのベー
ジュやキャメルと合わせること。おしゃ
れでまろやかな雰囲気になり、パープル
も浮かずになじむのでおすすめの配色で
す。かっちりとしたバッグやチェック柄
ストールで直線要素もプラス。お気に入
りの場所で、ひとりの時間を心ゆくまで
楽しんで。

華やかリラックスコーデ
派手すぎないパープルづかい
ストールで防寒＋大人っぽく

④色相・トーンを変化させる

Tops, Pants / 編集部私物
Loafers / WASHINGTON
Bag / Trysil
Stole / 著者私物
Watch / Cartier（著者私物）
Earrings, Necklace / EUCLAID
Belt / GU（編集部私物）

似合うパープルの選び方

個性的な雰囲気のあるパープル。春タイ
プには、パンジーやすみれの花のように
明るく鮮やかなパープルがおすすめで
す。一見難しそうに感じる色ですが、春
タイプが身につければ明るい肌・髪・瞳
の色と調和して、派手すぎない華やかさ
が生まれます。濁ったパープルは顔がぼ
んやりし、暗めのパープルは、顔のなか
の影が強調されてしまいます。

似合うパープル

クロッカス　　　スィートバイオレット

苦手なパープル

レッドパープル　　ディープバイオレット　ロイヤルパープル

GRAY
グレー

休日はスポーツジムで
ストレス発散

スウェットのアイテムは部屋着っぽさが
出ないよう、素材と色選びに気をつけた
いところ。春×ストレートタイプにはハ
リのある素材と、モード系のグレーやネ
イビーがおすすめです。ベージュ系の
キャップとサングラスを顔まわりに配置
して血色感をプラスして。スニーカーは、
きれいめのローカットをチョイス。レッ
ドのラインがリュックのネイビーをさり
げなく引き立てます。

楽ちんなのにモード見え
スウェットをカッコよく着こなす
黄みカラーを顔まわりに

⑤アクセントカラーを入れる

T-shirt / THE SHOP TK（ジレとセット）
Skirt / antiqua
Sneakers / CONVERSE
Bag / U by ungaro
Cap / SHOO・LA・RUE
Sunglasses / Ray-Ban®（編集部私物）
Earrings / VENDOME AOYAMA

似合うグレーの選び方

イエローベースはグレーがあまり得意で
はありませんが、春タイプには明るくや
や黄みを感じるグレーが似合います。色
味を感じないライトグレーも〇。暗い
チャコールグレー、青みのあるブルーグ
レーは、顔色が暗く寂しいイメージに
なってしまうため避けましょう。

似合うグレー

ウォームグレー　　ライトグレー

苦手なグレー

チャコールグレー　チャコールブルーグレー　ライトブルーグレー

WHITE
ホワイト

淡い色のワントーンコーデで ショッピングへ

オフホワイト、アイボリー、ベージュと
いう微妙に色味の違うホワイトを重ねる
と、カジュアルなアイテムでも清潔感の
あるやさしい雰囲気に。アイボリーはイ
エローの色相なので、反対色のターコイ
ズブルーを合わせることで、心が弾むよ
うなアクセントが加わります。ハットは
浅くかぶるとかわいらしく、深くかぶる
とクールな雰囲気に。気分に合わせて変
化をつけてみて。

ホワイトのワントーンコーデ
やさしい気持ちになる配色
効果的なハットのかぶり方

③色相・トーンを合わせる

⑤アクセントカラーを入れる

T-shirt / THE SHOP TK（ジレとセット）
Jumper skirt / KOBE LETTUCE
Sneakers / CONVERSE
Bag / COLE HAAN（編集部私物）
Hat / 編集部私物
Sunglasses / Ray-Ban®（編集部私物）
Earrings / WYTHE CHARM（著者私物）

似合うホワイトの選び方

ほんのり黄みがかったアイボリー、生成
りのようなぬくもりのあるホワイトがお
すすめ。春タイプの透明感のある肌によ
くなじみ、健康的な魅力を放ちます。真っ
白だと浮いてしまうので注意して。パー
ルのネックレスやピアスなども、やさしく
まろやかな色を選ぶと白浮きしません。

似合うホワイト

アイボリー	オフホワイト	バニラホワイト

苦手なホワイト

ピュアホワイト

BLACK
ブラック

劇場でのミュージカル鑑賞は
シックな装いで

イエローベースの方がブラックを着るときは、ベージュ×ブラックの配色がイチオシ。ベージュのやさしさとブラックのスタイリッシュさが混ざり、格別にシックな雰囲気が生まれます。パフスリーブはストレートタイプがやや苦手なデザインですが、ゆとりのある肘丈のデザインなら大丈夫。ネックラインは縦に大きくあいたものを選んですっきりさせて。

ベージュとブラックで格式高く
高見え上品コーデ
大人のかわいらしさも忘れずに

④色相・トーンを変化させる

Knit / uncrave（著者私物）
Skirt, Pumps / MODE ET JACOMO（著者私物）
Scarf / 著者私物
Bag / CELINE（著者私物）
Earrings, Necklace / EUCLAID
Watch / SEIKO LUKIA

似合うブラックの選び方

有彩色（色味をもつ色）のなかで最も暗いブラックは、春タイプがやや苦手な色。光沢のある強い黒ではなく、できるだけソフトな明るい黒を選ぶのがおすすめです。コーディネートを組むときは、ボトムスやバッグなど顔から離れたところで使うと、顔が暗く見えずシックにまとまります。

似合うブラック

ソフトブラック

苦手なブラック

ブラック

Column

「似合う」の最終ジャッジは試着室で

買う前に試着、していますか?

さまざまなファッション理論をもとに「似合う」の選び方をお伝えしてきましたが、いざ購入する前にできるだけしていただきたいこと、それは「試着」です。

人の肌の色や体のつくりは、パーソナルカラーや骨格タイプが同じ方でもおひとりずつ微妙に異なります。アイテムの色や形やサイズ感が自分に本当に似合うかどうかは、実際に身につけてみなければ厳密にはわかりません。

いまは、オンラインストアの商品を自宅や店舗で試着できるサービスもありますので、できれば購入前に試してみることをおすすめします。

試着しても自分に似合っているのかどうかイマイチわからないという方は、下のチェックリストをぜひ参考にしてみてください。

春×ストレートタイプの試着チェックリスト

準備

- ☐ 着脱しやすい服で行く
- ☐ 普段の外出時につける下着をきちんと身につける
- ☐ コーディネートしたい服や靴で行く
- ☐ 合わせ鏡で後ろ姿まで見えるように、手鏡を持参する
  （スマホのインカメラでもOK。購入前の商品の撮影は
  マナー違反になる場合があるため注意）

ストレートタイプのチェックリスト

- ☐ (トップス) 着丈や肩の位置がジャストか
- ☐ (トップス) 二の腕の外側のハリが目立たないか
- ☐ (トップス) 後ろ姿を見たとき、背中のお肉を拾いすぎていないか
- ☐ (パンツ) 靴と合わせたとき、9分丈になっているか
- ☐ (ワンピース) バストで前身頃が上がってしまうことがあるため、ウエスト位置がジャストでキープされているか
- ☐ (ニット) ウエストのくびれが出る程度に、適度に体にフィットしているか

春タイプのチェックリスト

- ☐ 肌色が血色よく元気よく見えるか
- ☐ アイテムの色に青みがあり、顔が青白くなっていないか
- ☐ アイテムの色が暗すぎ・濁りすぎていて、顔が暗く沈んでいないか

Chapter 3

春 × ストレートタイプ の
魅力 に 磨き を かける
ヘ ア メ イ ク

春×ストレートタイプに似合う
コスメの選び方

最高に似合う鉄板メイクを見つけよう

顔に直接色をのせるメイクは、パーソナルカラーの効果を実感しやすい重要なポイント。似合う服を着ていても、メイクの色がイマイチだと「似合う」が薄れてしまいます。

逆にいうと、本来得意ではない色の服を着たいときや着なければいけない事情があるときは、メイクを似合う色にすれば服の色の影響を和らげることが可能。とくにチークとリップを似合う色で徹底するだけで、顔色がよくなりいきいきと輝きます。

「コーディネートに合わせてメイクも変えなくては」と思っている方も多いかもしれませんが、自分に最高に似合う鉄板メイクが見つかれば、毎日同じメイクでも大丈夫。決まったコスメを使っていればいつもきれいでいられるなんて、忙しい日常を送る私たちにはうれしいですよね。

もちろん、自分に似合うメイクパターンをいくつかもっておいて、コーディネートやシーンに合わせて使い分ける楽しみもあります。どちらでも、ご自身に合うメイク方法を試してみてください。

春×ストレートタイプがコスメを選ぶときのコツ

明るいアイボリー系やピンク系の肌で、髪や瞳も明るめの方が多い春タイプ。コスメを選ぶときのキーワードは「黄み」「明るい」「クリア」です。

店頭では、青みではなく黄みがかった色かどうか、明るくてくすみがなくきれいな色かどうかをチェック。似合う色を選ぶと、肌の透明感と血色感がさらに高まります。くすみや濁りが苦手なので、暗めの色を選びたいときもクリアな色をセレクトしましょう。

ツヤ感が得意な春タイプと、セミマットの似合うストレートタイプ。両方の特徴を備えた春×ストレートタイプの方は、適度なツヤ肌に仕上げ、パールやラメもほどよくプラス。ハイライトはアイボリー系やピーチピンク系を。

おすすめのメイクアップカラー

アイシャドウ

明るくクリアな色が似合います。オレンジ系やピーチピンク系、ブラウンならアーモンドのような軽やかな色をつけると、瞳の虹彩の明るさとマッチして魅力的な目もとに。秋冬でも明るめメイクがおすすめ。

ピーチピンク　　ライトウォームアクア　パステルイエローグリーン

アイボリー　　　ライトサーモン　　　アーモンドブラウン

チーク

オレンジ系のパステルカラーなど、明るくクリアな色で頬をふっくらと。青みを感じるくすんだモーブピンク系は顔が青白く見え、レンガ色などの暗い色は顔色も一緒に沈んでしまいます。

コーラルピンク　　ライトサーモン　　　ライトオレンジ

リップ

ライトサーモンやライトオレンジなど、黄みのある明るい色をチョイス。マット系ではなく適度なツヤ感や透け感のあるタイプを選ぶと、春×ストレートタイプのみずみずしい雰囲気にマッチします。

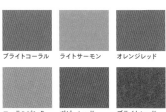

ブライトコーラル　ライトサーモン　　　オレンジレッド

コーラルピンク　　ポピーレッド　　　　ブライトレッド

アイブロウ・アイライナーなど

ブラウン系のなかでも、黄みを含んだ色のものを。アーモンドやベージュなど、軽さがあって明るい色がおすすめです。

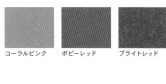

ゴールドベージュ　オレンジブラウン　　アーモンドブラウン

ヒナミと青海の顔になる、

春×ストレートタイプの
ベスト コスメ

透きとおるような美肌の
ヘルシーメイク

ブラウン系やオレンジ系など、普段づかいしやすいヘルシーカラーを用いたナチュラルメイク。くすみや濁りのない明るい色と、自然なツヤ感や透け感が、春×ストレートタイプの肌や瞳をキラキラ輝かせてフレッシュな魅力を引き出します。

基本ナチュラル
メイク

アイシャドウ

DIOR

ディオールショウ サンク
クルール 429 トワル ドゥ
ジュイ

黄みのあるブラウン系やオレ
ンジ系が入ったパレットは、
シーンを問わずデイリーに使
えて重宝します。ベージュ〜
アーモンドブラウンのグラ
デーションなど、ナチュラル
で軽やかな目もとを楽しん
で。上からパールやラメをほ
どよくプラスしても◎。

チーク

ADDICTION

アディクション ザ ブラッシュ
008M Timeless Petal (M)
タイムレス ペタル

明るくてくすみのないライト
サーモンピンクは、春タイプ
の頬によく似合う色。血色を
さらによく見せてくれ、ヘル
シーな印象になります。色選
びの際は、青み、くすみ、
濁りに注意して。

リップ

SUQQU

コンフォート リップ
フルイド フォグ 04 華霜
HANASHIMO

リップも黄みがかった色を選
ぶのがポイント。明るく鮮や
かなサーモンピンクは、春
×ストレートタイプのイメー
ジにぴったりの色。いきいき
と元気な雰囲気になります。
ほどよくツヤの出るタイプを
選ぶのがおすすめです。

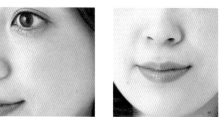

ハッピーオーラ全開の
コーラルピンクメイク

アイシャドウ
ADDICTION
アディクション ザ アイシャドウ
パレット 003 Marriage Vow
マリッジ バウ

春タイプに似合うピンク系の
アイシャドウは、明るいピー
チピンク。瞳の色と調和して
キラキラと魅力的な目もとに
なります。アーモンドブラウン
など明るいブラウン系が入っ
たパレットなら、大人っぽい
ブラウンメイクも楽しめます。
ラメはピンクゴールド系か、
明るいイエローゴールド系で。

チーク
NARS
ブラッシュ 4016N DEEP
THROAT ソフトピンク&
ゴールデンシーン

かわいらしい仕上がりにした
いときは、明るいコーラルピ
ンクを。肌なじみのよさはそ
のままに、よりキュートで幸
福感のある雰囲気になりま
す。コーラルピンクに近い色
にローズピンクがあります
が、ローズピンクは青みがかった
ピンクなので注意を。

リップ
Elégance
ルージュ クラジュール 06

顔色がパッと華やぐ、鮮やか
なコーラルピンク。ドレスアッ
プした日などにもおすすめの
色です。顔立ちがはっきりし
ている方ほど、彩度の高い色
が似合いやすいです。同じ
鮮やかなピンク系でも、マゼ
ンタは青みの強い色。黄み
を感じる色かどうか、実際に
タッチアップしてチェックす
ると失敗が少なくなります。

春の花々のような
パステルカラーメイク

アイシャドウ
CEZANNE
ベージュトーンアイシャドウ
04 ミモザベージュ

色を思いきり楽しみたいとき
は、ライトイエローやライト
オレンジの入ったパレットを。
明るいトーンの類似色相（色
味の似ている色）で構成さ
れたパレットは、まるで春の
お花畑のよう。アイシャドウ
の締め色は濃くしすぎず、明
るいブラウンでふんわり引き
締めるとキュートさが引き立
ちます。

チーク
CEZANNE
ナチュラル チーク N 01
ピーチピンク

肌の色素が明るい春タイプ
は、このくらい明るいピーチ
ピンクでも浮かずにかわいら
しく仕上がります。自然な輝
きが出るパール入り。マット
系の質感のチークの場合は、
パールを含んだニュアンサー
を重ねて輝きをプラスするの
もおすすめ。

リップ
KATE
リップモンスター 14
憧れの日光浴

アイシャドウを明るい色で仕
上げたら、リップも明るくク
リアな色を。塗ると適度な
ツヤが出るライトオレンジの
リップなら、よりみずみず
しい印象に。シアーなオレンジ
レッドなども似合います。

春×ストレートタイプに似合う
ヘア&ネイル

本命ヘアは、
クリアカラーの重めストレート

顔まわりを縁どる髪は、服やメイクとともにその人の印象を大きく左右します。パーソナルカラーのセオリーをヘアカラーに、骨格診断のセオリーをヘアスタイルにとり入れて、もう一段上の「似合う」を手に入れましょう!

春タイプに似合うヘアカラーは、黄みのある明るいブラウンやオレンジ系。くすみのない暖色を選ぶとおしゃれに決まります。

くすみが強い色や、青みを感じるブルーアッシュ系は、顔色が抜けて寂しい印象に。黒髪も重く見えてしまい、春タイプの透明感のある肌をいかしにくいヘアカラーです。

ストレートタイプに似合うヘアスタイルは、直線をいかした自然なスタイル。動きを出すときは毛先だけにするのがおすすめです。毛量を軽くしすぎず、やや重さを残したほうが、リッチなボディとのバランスがとれて魅力的。

おすすめのヘアカラー

ゴールドブラウン　　ゴールドベージュ

オレンジブラウン　　カッパー

チェスノットブラウン　　ナチュラルブラウン

おすすめのネイルカラー

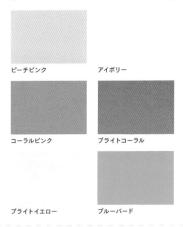

ピーチピンク　　アイボリー

コーラルピンク　　ブライトコーラル

ブライトイエロー　　ブルーバード

Short

ワンカールの小顔見え
ショートヘア

黄みのゴールドブラウンで、
春タイプの肌と瞳にいきいきと
した生命力を。適度な重さと
直線を残しつつ毛先だけワン
カールすると、ストレートタイ
プらしさが出て小顔効果も。

Medium

大人のキュートさあふれる
前下がりボブヘア

ヘアカラーをフレッシュな黄み
のベージュ系に、ヘアスタイ
ルを前下がりボブにすると、
かわいらしさと大人っぽさを
兼ね備えたヘアに。眉下のシー
スルーバングもポイント。

Long

リッチなお出かけ
ロングヘア

オレンジ系ブラウンなら、軽やかさのなかにリッチ感も。さらさらストレートヘアが似合うストレートタイプですが、お出かけの日はヘアアイロンでさりげなくワンカール。

Arrange

明るい髪色が映える、
おだんごアレンジ

おすすめのヘアアレンジは、ナチュラルなおだんごヘア。明るめの髪色ならキュートでおしゃれな雰囲気に。ストレートタイプは後れ毛を多く出しすぎず、自然な形に仕上げるとマッチします。

Nail

ふんわり配色の
ベージュ系ネイル

直線が得意なストレート
タイプは、チェックやハー
フフレンチのデザインがお
似合い。ピーチピンク×
ベージュのチェック、ピー
チピンク×ホワイトのハー
フフレンチに、明るいゴー
ルドのラメラインが輝く上
品ネイル。

心躍るポップな
ピンク系ネイル

クリアで鮮やかなコーラ
ルピンク×ホワイトで、コ
ントラストをきかせた配
色。コーラルピンクに元
気なイメージのイエローを
ほんの少し加え、ポッ
プな雰囲気に。イエローゴー
ルドの大きめスタッズが大
人っぽいアクセント。

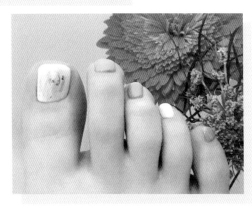

リゾート感たっぷりの
ブルー系ネイル

まぶしい日差しや青い海
がよく似合う、ターコイズ
ブルー×ホワイトのさわや
かなコントラスト配色。ブ
ルーの反対色のイエロー
とゴールドをアクセントに
して、洗練ネイルを楽しみ
ましょう。

Epilogue

　本書を最後まで読んでくださってありがとうございました。

　あなたの魅力を輝かせる『パーソナルカラー×骨格診断別　似合わせ
BOOK』。

　個性を引き出す、ファッションやヘアメイク、ネイルをご覧いただきいか
がでしたでしょうか。

　「パーソナルカラー×骨格診断」。この2つのセオリーは、あなたがすで
にいま、持っている魅力や個性を引き出し、より美しく輝かせるものです。
もちろん、ファッションは楽しむものなので、セオリーに縛られることなく、
自由に服選びを楽しんでいただければと思います。

　でも、あまりにも多くの情報があふれるいま、つい、自分にないものを
求めてしまったり、他の人と比べてしまうことも、もしかしたらあるかもし
れません。

　そんなふうに何を着たらよいか迷ってしまったときに、この本が、あな
たらしいファッションに気づく、ひとつのきっかけになればとてもうれしく
思います。

　私のサロンに来られるお客さまは、パーソナルカラーと骨格診断に合っ
た色やデザインの服、メイクを実際にご提案すると「今までこんな服やメイ
クはしたことがなかったです！」「私は、本当はこういう服が似合うんです
ね！」と驚かれる方もたくさんいらっしゃいます。朝に来店されたときとは
見違えるほどすてきになった姿を、数えきれないくらい目にしてきました。

　自分自身を知り、それを最大限にいかすことは、「あなたらしい、身に
着けていて心地よいファッション」を叶える近道になると思います。

　色とりどりの服やコスメは、それを目にするだけで、私たちをワクワク
した気持ちにさせてくれます。色とファッションのもつパワーを味方につけ
て、ぜひ、毎日の着こなしを楽しんでくださいね。

毎朝、鏡に映るあなたの顔が、これからもずっと、幸せな笑顔であふれますように。

　最後になりますが、この12冊の本を制作するにあたり、本当に多くの方に、お力添えをいただきました。

　パーソナルカラーと骨格診断のセオリーにマッチした、膨大な数のセレクトアイテム。その全商品のリースを、一手に引き受けてくださったスタイリストの森田さん。根気よく置き画制作を担当してくださった、佐野さんはじめ、スタイリストチームのみなさん。すてきな写真を撮ってくださったフォトグラファーのみなさん、抜けのある美しいメイクをしてくださったヘアメイクさん、頼りになるディレクターの三橋さん、アシストしてくださった鶴田さん、木下さん、すてきな本に仕上げてくださったブックデザイナーの井上さん。

　そして、本書の編集をご担当いただきました、サンクチュアリ出版の吉田麻衣子さんに心よりお礼を申し上げます。特に吉田さんには、この1年、本当にいつもあたたかく励ましていただき、感謝の言葉しかありません。最高のチームで、本づくりができたことに感謝の気持ちでいっぱいです。

　また、アイテム探しを手伝ってくれた教え子たち、そして、この1年、ほとんど家事もできないような状態の私を、何もいわずにそっと見守ってくれた主人と息子にも、この場を借りてお礼をいわせてください。本当にありがとう。

　たくさんのみなさまのおかげでこの本ができあがりました。本当にありがとうございました。

2024年3月　海保 麻里子

協力店リスト ————————————————

＜衣装協力＞

・ATTRANGS
（アットランス）
https://attrangs.jp

・Attenir
（アテニア）
https://www.attenir.co.jp/index.html

・antiqua
（アンティカ）
https://www.antiqua.co.jp

・VENDOME AOYAMA
（ヴァンドームアオヤマ）
https://vendome.jp/aoyama

・EUCLAID
（エウクレイド）
https://fulcloset.jp/ext/euclaid

・L.L.Bean
（エル・エル・ビーン）
https://www.llbean.co.jp

・cache cache
（カシュカシュ）
https://www.unbillion.com/brand/
cachecache

・Kengo Kuma ＋ MA, YU
（ケンゴ クマ プラス マユ）
https://vendome.jp/aoyama

・KOBE LETTUCE
（コウベレタス）
https://www.lettuce.co.jp

・CONVERSE
（コンバース）
https://converse.co.jp

・THE SHOP TK
（ザ ショップ ティーケー）
https://store.world.co.jp/s/brand/the-shop-tk/

・SHOO・LA・RUE
（シューラルー）
https://store.world.co.jp/s/brand/shoo-la-rue/

・SEIKO LUKIA
（セイコー ルキア）
https://www.seikowatches.com/jp-ja/
products/lukia

・Zoff
（ゾフ）
https://www.zoff.co.jp/shop/default.aspx

・Champion
（チャンピオン）
https://www.championusa.jp

・Trysil
（トライシル）
https://zozo.jp/shop/trysil/

・NEWYORKER
（ニューヨーカー）
https://www.ny-onlinestore.com/shop/
pages/newyorker-.aspx

・Honeys
（ハニーズ）
https://www.honeys-onlineshop.com/shop/
default.aspx

・卑弥呼
（ヒミコ）
https://himiko.jp

・PLUS VENDOME
（プラス ヴァンドーム）
https://vendome.jp/plus_vendome

・FURLA
（フルラ）
https://www.moonbat.co.jp/

・MAMIAN
（マミアン）
https://www.mamian.co.jp

・mite
（ミテ）
https://www.mite.co.jp

・mil
（ミル）
https://hionlinestore.jp

・メガネの愛眼
（メガネノアイガン）
https://www.aigan.co.jp

・U by ungaro
（ユー バイ ウンガロ）
https://www.yamani.co.jp/brands/u-by-ungaro

・RANDA
（ランダ）
https://www.randa.jp

・Le scale
（リスカーラ）
https://lescale.theshop.jp

・ROYAL PARTY LABEL
（ロイヤルパーティーレーベル）
https://royalpartylabel.com

・WASHINGTON
（ワシントン）
https://www.washington-shoe.co.jp

＜ヘアスタイル画像協力＞

P101上下、P102上
AFLOAT（アフロート）
https://www.afloat.co.jp

P102下　DaVin（ダヴィン）／ OZmall
https://www.ozmall.co.jp/hairsalon/1156/

＜ネイル画像協力＞

P103上中　青山ネイル
https://aoyama-nail.com

P103下
EYE＆NAIL THE TOKYO
https://www.eyeandnailthetokyo.com

＜素材画像協力＞

P44　iStock

※上記にないブランドの商品は、著者私物・編集
　部私物です。
※掲載した商品は欠品・販売終了の場合もありま
　す。あらかじめご了承ください。

海保 麻里子

Mariko Kaiho

ビューティーカラーアナリスト ®
株式会社パーソナルビューティーカラー研究所 代表取締役

パーソナルカラー＆骨格診断を軸に、顧客のもつ魅力を最大限に引き出す「外見力アップ」の手法が評判に。24 年間で 2 万人以上の診断実績をもつ。自身が運営する、東京・南青山のイメージコンサルティングサロン「サロン・ド・ルミエール」は、日本全国をはじめ、海外からも多くの女性が訪れる人気サロンとなる。

本シリーズでは、その診断データをもとに、12 タイプ別に似合うアイテムのセレクト、およびコーディネートを考案。「服選びに悩む女性のお役に立ちたい」という思いから、日々活動を行う。

また、講師として、カラー＆ファッションセミナーを 1 万 5 千回以上実施。企業研修やラグジュアリーブランドにおけるカラー診断イベントも多数手がける。わかりやすく、顧客に寄り添ったきめ細やかなアドバイスが人気を博し、リピート率は実に 9 割を超える。

2013 年には、「ルミエール・アカデミー」を立ち上げ、スクール事業を開始。後進の育成にも力を注ぐ。

その他、商品・コンテンツ監修、TV やラジオ、人気女性誌などのメディア取材多数。芸能人のパーソナルカラー診断や骨格診断も数多く担当するなど、著名人からも信頼を集める。

著書に『今まで着ていた服がなんだか急に似合わなくなってきた』（サンマーク出版）がある。

サロン・ド・ルミエール HP
https://salon-de-lumiere.com/

クラブ S

新刊が 12 冊届く、公式ファンクラブです。

sanctuarybooks.jp/clubs/

サンクチュアリ出版
YouTube
チャンネル

奇抜な人たちに、
文字には残せない本音
を語ってもらっています。

"サンクチュアリ出版
チャンネル" で検索

選書サービス

あなたのお好みに
合いそうな「他社の本」
を無料で紹介しています。

sanctuarybooks.jp
/rbook/

サンクチュアリ出版
公式 note

どんな思いで本を作り、
届けているか、
正直に打ち明けています。

note.com/
sanctuarybooks

人生を変える授業オンライン

各方面の
「今が旬のすごい人」
のセミナーを自宅で
いつでも視聴できます。

sanctuarybooks.jp
/event_doga_shop/

パーソナルカラー春×骨格診断ストレート 似合わせBOOK

2024年3月6日 初版発行

著　者　　海保麻里子

　　　　　装丁デザイン　井上新八
　　　　　本文デザイン　相原真理子
　　　　　モデル　猪瀬百合(スペースクラフト・エージェンシー)
　　　　　撮影(人物)　畠中彩
　　　　　撮影(物)　畠中彩、小松正樹
　　　　　ヘアメイク　yumi(Three PEACE)
　　　　　スタイリング(アイテム手配)　森田文菜
　　　　　スタイリング(アイテム置き画制作)　佐野初美、岡村彩
　　　　　編集協力　三橋温子(株式会社ヂラフ)
　　　　　制作協力(アシスタント業務)　Yuuka、NANA(ルミエール・アカデミー)
　　　　　イラスト　ヤベミユキ
　　　　　DTP　エヴリ・シンク

　　　　　営業　市川聡(サンクチュアリ出版)
　　　　　広報　岩田梨恵子、南澤香織(サンクチュアリ出版)
　　　　　制作　成田夕子(サンクチュアリ出版)
　　　　　撮影補助　木下佐知子(サンクチュアリ出版)
　　　　　編集補助　鶴田宏樹(サンクチュアリ出版)
　　　　　編集　吉田麻衣子(サンクチュアリ出版)

発行者　　鶴巻謙介
発行・発売　サンクチュアリ出版
　　　　　〒113-0023 東京都文京区向丘2-14-9
　　　　　TEL:03-5834-2507　FAX:03-5834-2508
　　　　　https://www.sanctuarybooks.jp
　　　　　info@sanctuarybooks.jp

印刷・製本　株式会社シナノ パブリッシング プレス

診断用カラーシート

| 冬 Winter | ブラック | 凛として小顔になる ➡ 似合う |
| | | 影が目立ち暗い ➡ 似合わない |